一个精益工程师的现场笔记

贺顺红 著

企业管理出版社
ENTERPRISE MANAGEMENT PUBLISHING HOUSE

图书在版编目（CIP）数据

一个精益工程师的现场笔记/贺顺红著. -- 北京：企业管理出版社, 2024.8. -- ISBN 978-7-5164-3098-9

Ⅰ. F276.3

中国国家版本馆 CIP 数据核字第 2024DS7801 号

书　　名：	一个精益工程师的现场笔记	
书　　号：	ISBN 978-7-5164-3098-9	
作　　者：	贺顺红	
责任编辑：	郑小希	
出版发行：	企业管理出版社	
经　　销：	新华书店	
地　　址：	北京市海淀区紫竹院南路17号　　邮　　编：100048	
网　　址：	http://www.emph.cn　　电子信箱：qiguan1961@163.com	
电　　话：	编辑部（010）68414643　　发行部（010）68417763　68414644	
印　　刷：	三河市东方印刷有限公司	
版　　次：	2024年10月 第1版	
印　　次：	2024年10月 第1次印刷	
规　　格：	160毫米×235毫米　　16开本　　14.75印张　　158千字	
定　　价：	68.00元	

版权所有　翻印必究　·　印装有误　负责调换

目 录
CONTENTS

引言
为什么选择精益生产 ················· 001
推行精益生产前的必要准备 ············ 010

第1章 面对问题
1.1　见面 ······················· 003
1.2　调研 ······················· 008

第2章 启动
2.1　培训 ······················· 015
2.2　组建团队 ···················· 018
2.3　价值流图分析 ················· 020
2.4　期望和计划 ··················· 027
2.5　进入现场 ···················· 031

第3章 第一次单件流试运行
3.1　构建流水线 ··················· 043
3.2　人事调整 ···················· 060
3.3　第一次试运行 ················· 065

第4章 步入正轨
4.1　持续试运行 ··················· 077
4.2　稳定生产 ···················· 083
4.3　正式生产与持续改善 ············ 103
4.4　标准化管理流程 ················ 110
4.5　合并生产线 ··················· 122

第5章 拉动生产

5.1 装配线的生产控制 …………… 134
5.2 装配线的物料拉动 …………… 143
5.3 线边超市——通用物料 …………… 151
5.4 线边超市——定制物料 …………… 162
5.5 定制件的混合拉动生产 …………… 173

第6章 结束与随想

6.1 任务完成情况 …………… 195
6.2 绩效对比 …………… 198
6.3 不是结束的结束 …………… 200
6.4 精益生产的特征 …………… 203
6.5 关于精益生产的随想 …………… 210

引 言

为什么选择精益生产

对于今天的企业（尤其是制造型企业）来说，精益生产已经是一个非常普通和普及的名词了。如果问起为什么要选择精益生产，很多人都可以给出标准答案——降低成本，减少库存，减少浪费，提高质量，提高生产效率，提高柔性，增强企业文化，强化品牌形象，提高市场竞争力……

这些都对！但很多时候都不是真实的、直接的原因。

在现实中，大部分选择精益生产的工厂，通常都是因为遇到了问题，迫不得已。这些问题大部分情况下也不新鲜，都是老三样。

- 质量问题：总是有各种质量问题，防不胜防；
- 交期问题：交期很长，并且总是延误，不能让客户放心；
- 现金流问题：没钱了。

人一生病就会求医问药，工厂一有问题也是如此，只不过是找管理专家和管理方法。不仅仅是精益生产，很多其他的管理系统和管理方法都被很多厂家操练过很多次。精益生产脱胎于丰田生产系统（TOYOTA PRODUCTION SYSTEM，简称TPS），大部分工厂选择精益生产最直接的原因也是丰田。有了丰田的背书，再加上LEI

（美国精益企业中心）的专家教授们大力推广，精益生产慢慢地在全球风靡，热潮持续至今。

精益生产的理念、技术和工具都非常有用，但其他的生产管理系统同样也有非常正确的理论基础和实用的工具。是什么让精益生产有别于其他的生产管理系统呢？个人认为，真正让精益生产超越其他生产管理系统和理念的是以下几点：

- 对生产的专注和执着；
- 专注于对时间的管理；
- 标准化作业；
- 连续流作业；
- 持续改善。

对生产的专注和执着

如果只是讨论，每一家工厂都会说生产就是自己业务的核心，起码是核心之一。但实际上，大部分的工厂里，生产部门的地位都比较低（不是最低，有时会比品质部门高一点）。去验证这个问题，只需要看生产现场遇到哪些问题就可以了。语焉不详、模棱两可的操作指导书，质量问题层出不穷的物料，故障不断的机器设备，瞬息万变的生产订单，三言两语的工作培训，推诿塞责的问题处理流程……这些都是大部分工厂的通病。传统的组织结构许多时候是一个弱化版的丛林社会，强者为王，谁拥有更多的资源和权限，谁就拥有更大的话语权，而无所谓事情本身的是非对错。所以销售部门可以凭借客户要求来平推所有的争议，技术部门可以凭借产品和工艺知识的优势来树立自己部门的壁垒，设备、工装、模具部门都可以凭借专业知识来做自己的护城河，但生产部门作为被动的、所有任务的最后执行者，实在没有多少可以自由选择的余地。当所有的矛盾和缺陷都集中在生产现场时，实在是看不出来生产在哪一点上是工厂业务的核心。

但在一个精益的生产环境里，所有的关注都在生产本身，任何改善工作都专注于促进生产的平顺进行。任何影响生产平顺进行的障碍都要清除掉，没有任何借口。人机料法环，所有的生产要素都按最有利于生产的方式方法进行布置和管理。

同样，两种生产环境下对待生产问题的态度也是迥然不同。在精益生产体系中，所有的反应和行动都没有争议：往支持生产的方向一边倒。生产线上一旦发生问题，安灯（ANDON）瞬时亮起（有时还配上短促的蜂鸣声），现场管理人员就像听到冲锋号一样毫不迟疑地介入生产线，把问题处理掉，让生产恢复进行。同时，问题还清清楚楚地记录在现场的管理板上，以待后续分析原因，彻底解决。在传统的生产管理现场，任何时候都不可能看到这样的情形。发生了问题，很多时候都没人理睬，小问题工人自己搞定，中等问题相互扯皮，大问题层层上报，然后各有各的理由，就是没有人想如何尽快恢复生产。

专注于对时间的管理

"我们所做的，其实就是注意从接到顾客订单到面向顾客收账这段期间的作业时间，通过消除不能创造价值的浪费，以缩短工作时间"（大野耐一语）。

这句平铺直叙的话，可以说直接奠定了丰田生产系统或精益生产的基础。精益生产就是要消除浪费，而几乎所有的浪费都可以用时间来描述（绝大部分浪费本质上就是时间的损失）。因此，"时间"是打开丰田的精益生产大门的钥匙。精益生产典型的工具和技术，比如标准作业、看板、快速换模、节拍时间、均衡生产等，都是对"时间"的改善和管理。基于时间，精益生产综合而系统地运用各个改善工具和技术，聚焦于生产业务的改善和提高，统一了工作目标，也统一了管理的底层逻辑，从而在公司内形成了统一的行动和思维。这样从思想到行动都步调一致的系统，自然可以更有效地发挥作用。

通常来说，生产管理有几个典型的指标，比如质量、成本、交期、士气和安全。为了区分管理的先后顺序，通常还会有一些"质量第一"之类的口号。很多时候，我们并不认为这样做有什么问题，但在实践中就会发现，努力追求某个指标，总是要以牺牲其他指标为代价。比如说，为了赶交期，所以质量没保证；为了降成本，所以质量又没保证；最近投诉很多，严控质量，所以我们要推迟交货……顾头不顾尾，按下葫芦起来瓢，难得有"合家欢"的局面。

而在精益生产中，严格来说只有一个衡量准则——节拍时间。节拍时间驱动生产，驱动物料流转，驱动生产批量，平衡人力需求，平衡设备资源，平衡库存容量。如果能恰到好处地满足节拍时间，就是没有问题；如果不能满足，则提供了一个明显的改善机会。如果过程已经达到理想的稳定状态，那么也可以通过节拍时间来控制改善的方向，比如减少人力资源来满足现有的节拍时间，或利用现有的人力资源来支持更少的节拍时间。

至于其他的安全和质量要求，则作为一种基本的生产伦理进行管理。安全和质量不是一个好坏的问题，而是正常生产启动前必须得到保证的基本要求。也就是说，跟时间有关的绩效是一个可以追求的弹性目标，而安全、质量则是刚性的、必须保证的要素。这样的理念，反而奠定了安全生产、质量保证不可动摇的管理优势地位，这样管理时就不会再顾此失彼。

标准化作业

理论上，任何一个工厂想保持稳定生产，标准化作业都很重要；但实际上，远不是这么回事。一个无奈的现实是，在大部分工厂，标准化作业都是一种可有可无的存在。很多时候，所谓的标准作业只是放在办公桌上的文件夹里，作为展示道具。在实际的生产中，工人更倾向于"服从自己的内心"，遵照自己的技术和经验从事。

但在精益生产中，标准化作业是一个必然选项。如果没有标准化作业，精益生产就无从谈起。标准化作业的作用不仅仅是让作业员的工作可重复且有效率，更重要的是，它设定了一个改善的基础。任何流程在标准化之前，都不可能有真正的改善。换句话说，流程改善的第一步，就是标准化。

所以，在标准化作业中，工作经过高度规划和详细定义，内容、顺序、时间和产出，每一个生产和操作的细节都交代得明明白白。魔鬼都在细节里，当工作的细节都被仔细考虑到，工作就可以始终按相同的顺序、相同的工艺、相同的方法进行，具有高度的可重复性。在这样的场景下，生产的效率和产品的品质自然更有保证。事实上，当工作的所有细节都高度标准化后，在执行层面，你会发现工作突然间变得无比轻松。

当然，标准化作业也是过程质量控制和保证的基本要求。但凡要保证产品质量，首先的要求必然是——标准化作业；解决问题的过程中，通常第一个问题也应该是——是否遵照标准化作业？

连续流作业

成功的连续流作业，天然会比批量生产效率更高、成本更低、生产周期更短、投资要求更低。所以，建立连续流本身，就必然同时在做消减甚至杜绝浪费的工作，并在以下几个方面取得明显的进步。

- 内建质量控制。在连续流作业中，内建质量控制并不是一句口号，而是必须履行的基本要求。每一位作业员必须成为质量管控者，在自身的工作岗位上解决问题，不使问题流入下一个流程，这自然让质量管理和控制水平更上一层楼。
- 缩短生产周期。连续流作业大量剔除了中间阶段等待和周转时间，浪费就会显著减少，从而为流程创造了真正的灵活性和弹性。生产产品的前置期会显著缩短，这样一来，就会有更大的弹性，可以根据顾客的实际需求调整生产。
- 创造更高的生产力。批量生产时，很难决定特定数量的产出到底需要多少人，因为消耗在存货上的劳动力并不是有价值的生产力，而是浪费。在连续流作业中，无价值的工作已经被尽可能剔除掉，所以很容易评判员工实际创造价值的能力。只要将批量生产成功转化成连续流作业，总是能达成至少100%的劳动生产力改善。

同时，在精益生产中，连续流作业还有更深远的意义。连续流的作业模式，实际上是将生产置于一个非常脆弱的环境下，如果要维持连续流的正常作业，工厂就要全神贯注消除一切可能的障碍，并持续改进其稳定性和绩效。精益生产中，连续流作业更大的意义在于，它是一个促进持续改善的工具。"当你实施单件流作业，无法达成想要达成的数量时，人人都会感到沮丧，不知怎么办才好，但正因为如此，他们必须想出如何才能达成目标。这就是丰田生产方式的精髓所在。换句话说，我们创造困惑，让自己必须设法解决问题。"这段来自北美地区丰田汽车制造公司前总裁箕浦照幸的话，就揭示了连续流的真实意义。

持续改善

持续改善这个词在工厂管理中并不新鲜，但绝大部分时候，也就是说说而已。然而在精益生产中，持续改善绝不是装点门面的术语，而是维系精益生产运转的必要条件。无论多么完美的生产，每天都会面对各种变动性（生产制造系统中的变动性是不可能绝对完全消除的），任何一种变动性都会带来相应的问题。生产管理，就是要时刻面对并解决不同的问题。

真正解决过问题的人都知道，解决任何一个问题都不容易，哪怕是个"小"问题。几乎没有哪个问题是可以一次性解决的，而是需要持续做现场观察，尝试方案，一点一点地解决。解决一个小问题，也会消耗很多的资源、时间和注意力。

从人性上来说，人都有畏难、偷懒的心态，都希望一劳永逸，一次性解决所有问题，就如完成一个定时定量的项目。但现实却总是相反，生产不止，问题不息。你不努力解决问题，问题不会自动消失，只会越积越多；就算你努力解决了很多问题，问题也总是无法根除。对于大部分工厂的大部分人（尤其是管理者）来说，这一点非常煎熬。本着"打不过就加入"的原则，很多组织就有意无意地采取了回避的方式。传统的组织通常会把这一类问题归类为"小问题"，从上到下都不会重视，而是尽量忽略或推脱，因为这样做，短时期内好像也不会有特别大的负面作用。

但对于精益生产而言，这些所谓的"小问题"却会事关最终成败。能否对"小问题"加以持之以恒的关注和改善，也从根本上决定了精益生产系统能否有效和持久。如前面所提到的那样，连续流生产是精益生产的基本形态，而连续流生产又天然比批量生产来得更脆弱。哪怕要维持生产的正常运转，也需要持续不断地解决各种问题。如果没有持续改善（科学解决问题）的信念和流程，积累下来的问题就会让生产系统的正常运转日益艰难，最终戛然而止。

生产成本的根本规律

根据规模经济的理论，当生产量达到一定规模时，随着产量增大，单位生产成本减少。所以，要降低生产成本，有一种办法是增大生产数量，同时减少产品种类。

但在现实中，这个选项很久之前就不存在了。大批量、少品种的时代早已过去，并且不会再回来了。这一点在电商（包括跨境电商）行业里尤其突出。早些年，经常会有爆款单品的说法，但这些年已经很少听说；现在几乎所有的大卖家，都是依靠品类众多来获取市场和利润。市场现状是产品种类增加，而单个产品产量下降。

既然如此，当单个产品的产量（销量）有限时，就必须扩大产品种类来提升总产量。在这种条件下，如果再要降低生产成本，关键就变成了——要提高生产适应多种产品的能力，还要保持优于批量生产的生产成本。

生产成本包括直接材料成本，直接人工成本，制造费用，间接费用（管理费用、销售费用等），除了直接材料成本，其他费用其实都跟产出速度（也就是单位时间的产出总量）强相关。换句话说，要想降低成本，就是要在尽可能短的时间内，投入尽可能少的人力资源，设备资源，动力资源，管理资源，同时还能获得尽可能多的产出。而要满足这种"既要……又要……"的需求，就需要持续不断地剔除各种停滞（浪费），加速生产的连贯性和流动。

要想降低物料成本，固然可以要求供应商降价。对于供应商，只要是挥得动刀，工厂通常是不会手软的。但这样做的效果却很难尽如人意，充其量只是解燃眉之急，并不能从根本上改善工厂的运营业绩。在市场竞争如此充分的今天，供应商的价格基本上都是透明的，单个的厂家很难通过控制供应商价格来获得持续的利润增长，也无法获得充分的竞争优势。何况，单纯降低采购价格，必然会带来其他很难预测的负面影响，毕竟竭泽而渔从来都无法提供持续发展的动力。从根本上来说，要想从物料成本上获得稳定的绩效改善，最明智的方法就是减少每单位产品在工厂内的库存成本，也就是提高产品/物料的流动速度。产品/物料流动越快，库存成本越低。持续地加速产品的流动，就能持续有效地降低工厂内部的生产成本，进而从根本上提高工厂的获利能力。

总结起来，要想降低生产成本，就要提高生产和物料的流动。动作和物料的停滞都是现金的停滞，因为工厂已经为物料和工作付钱，停滞的每一个物料和工作都不能增加价值。而精益生产，就是这样一个专注流动的生产体系。而且，在当下，在这一点上，没有哪一个生产体系能做得比精益生产更好。

推行精益生产前的必要准备

凡事预则立，不预则废。

推行精益生产不难，但要想成功推行精益生产并不容易。所以，企业一旦决定要尝试精益生产，必要的准备工作不可或缺。这里的准备工作，并不是指大规模的硬件和资金投入或者组建庞大的精益团队，而是认知、决心、人才和知识。

认知

工厂但凡推动改革事项，总喜欢拿基层员工说事，比如员工的观念、习惯、思维方式、工作能力等等。这些可能在一定程度都是对的，但从来不是根本原因。

改革的最大阻力，大部分情况都来自高层。

推行精益生产，首先就是高层要彻底重塑对于生产的认知，尤其是核心负责人的认知一定要到位。要了解什么是真正的精益生产，包括精益生产方式、运行模式、对组织的冲击、可能的震动，而不能只是盲目乐观于潜在的收益（虽然这肯定是有的）以及那些令人耳目一新的技术。

决心选择精益的企业，其核心负责人本身一定要成为精益生产的专家，这包括精益思想和精益实践两个方面。要做到这一点并不容易，需要相当的时间来学习、实践、感受和领悟。通过几堂培训课就说自己洞悉精益思想，大概率是不存在的。事实上，大部分人对于生产的习惯认知都是错的。如果不首先在这一点上跟固有认知彻底告别，精益生产注定无法走得很远。

流水不争先，争的是滔滔不绝。做精益生产，不是商业投机，这需要数年、十数年、数十年持续的专注和努力，而不是一蹴而就的戏法。认知决定思维，思维决定行动。如果不在一开始就对精益生产建立正确的认知，这项长期的事业绝无可能成功。

决心

有了正确的认知之后，决心和信念就很重要。这种决心和信念主要体现在对精益方式的坚持和对精益生产带来的远景的支持。可以肯定的是，用精益生产的思想来解读传统的生产方式，传统的生产方式几乎一无是处。同样，用传统生产的框架来解读精益生产方式，那精益生产就是无事生非，到处作妖。

所以，当你决定在一个传统的生产环境中引入精益生产模式时，就像是在一个已经稳定的生态中投入一个外来物种。不难预见，冲突会有多激烈。这种冲突会从上至下，由里及外，裹挟每一个人。事前的培训和沟通会有些作用，但无法调和根本的分歧。在这些此起彼伏的冲突中，高层和核心负责人的决心和信念，以及由此而生的果敢，就变得非常重要。

历史数据告诉我们，导入精益模式，在初期通常会导致10%~15%原有管理团队的流失，这是必然的。没有一往无前的决心和坚持到底的信念，很容易创业未半而中道崩殂。

另一方面，精益生产推行是一个实践的学科。既然是实践，就是摸着石头过河，会有很多不确定的结果。暂时不尽如人意或功亏一篑都是正常的。如果没有决心，工厂也容易倒在黎明前的黑暗中。

精益生产是一种日常行为模式而不是项目模式。虽然每一个具体的精益活动会有明确的截止期，但精益生产确实不是一个项目。这个观念非常重要。一日精益，终生精益，除非彻底放弃。只有当精益生产变成企业的日常行为，这种模式才可能会带来的真正意义上的成功和并持续产生正面效应。事实上很多时候，精益生产模式比传统生产模式脆弱得多，需要日复一日地投入注意力来维持，否则，只能造成一团更大的混乱和动荡。而要每天都保持高强度的专注，没有强大的决心和信念是没有办法做到的。

找到对的人

如果企业负责人是精益方面的专家，自己担当精益代理人也是可以的。前提是要保证有足够的时间和精力来组织、领导并身先士卒参与这场战役。

如若不然，就需要一些人来协助你实施这些具体的工作。在人选上，企业要保持相当的谨慎。有人讲课是一把好手，但更愿意坐在空调房里侃侃而谈，对你的现状除了指手画脚之外，也没有什么更好的办法；有人擅长采取突击行动，在短期内变戏法，却没有兴趣脚踏实地来与你一起工作，这些人也不能给你带来真正的帮助；有些人有漂亮的履历，熟知各类时髦的名词和术语，但对精益的内核和基本思想却一知半解，这些人大部分只是拿一个模板到处生搬硬套；而那些动辄展示漂亮的PPT和各类图表的人，一定要离他们远点。

只有将精益思想深入骨髓又愿意脚踏实地的人、精通各类精益技术同时又熟知生产和质量的人，才是你真正需要的财富。

知识

推行精益生产，最重要的知识不是那些耳熟能详的技术，如看板、标准化、平准化等，而是对基本思想的深刻把握和灵活运用。老子说"道生一，一生二，二生三，三生万物"，精益生产的知识也是如此。知道、了解、掌握、熟练应用、拓展分别对应着不同程度的努力和不同时间长度的探索。要让精益生产真正发挥作用，必须要做到把精益思想熟练应用在各种具体生产层面。

这并不是说技术就不重要。要推行精益生产，那些久经洗礼、历久弥坚的技术，还是值得而且需要好好学习的。毕竟拿来就能用，省心省力还有好效果，大家还买账，又何乐不为呢？"有道无术，独善其身；有术无道，害人害己；以道御术，兼济天下。"以道御术，好方法不嫌多。

另外，除了必要的精益思想和技术，质量、生产工艺、生产现场等方面的知识也是多多益善。精益生产本身牵涉甚广，5M1E面面俱到，所以在工艺、工装设备、质量管理、生产管理等方面都需要有一定的知识储备和经验积累。

第 1 章
面对问题

CHAPTER 1

1.1 见面

开始纯属偶然。

2020年4月下旬的一个午后,我接到一个朋友的来电,推荐我与一位L先生见个面。起因是这位L先生阅读了我在朋友公众号上发布的一些有关质量和精益生产的文章,认为有些见地,而他自身就经营着一家工厂,所以想跟我当面交流一些有关精益生产和质量管理的看法。

尽管从事质量管理和精益生产多年,但我自认只是工厂里一个默默无闻的打工人。突然间竟然有一个陌生人"慕名前来",确实是意料之外,也忍不住让人感慨自媒体时代对普通人的眷顾。

但惊讶之余,我也有些本能的抗拒。尽管从事质量管理和精益生产多年,但我一直不太热衷于跟别人"谈"质量管理和精益生产。在我看来,这两者都是谈不出来的,只有在现场努力工作才是唯一的实现途径。可是,对于实践过程,尤其是精益生产的实践,我所接触过的绝大部分管理人员都极端抗拒和排斥(尽管在培训课上大部分人都积极地认同),所以在以往的现实工作中,除非得到充分的授权去推行精益生产,否则我就不太情愿在其他时间和人谈怎样做精益生产，以免白费口舌。

另外一个原因，就是我头脑里也有些社会上对民营企业的"固有认知"，比如崇拜个人威权，讲究任人唯亲，管理流程缺失，工厂资源匮乏，还有可能业务单一、现金流脆弱、管理意识薄弱等等。如此种种，导致我当时的心态比较消极——好好赚你的钱就得了，想什么精益生产呢？

但我当时正闲着，朋友人也靠谱，于是我最终还是应了这个邀约，定下了去工厂见面的日期，但对过程、目的和结果，完全没有预期。

约定日期的上午，在导航的指引下，我找到了这家并不显眼的工厂。厂房虽然位于临街地段，但整条街道都显得有些破败和衰落。从外面往里看，肉眼可见地局促、破旧和阴暗。去L先生的办公室，要从两个车间之间的甬道通过，随意一瞥，车间内机台布局局促，物料随意堆积，三三两两的工人在车间漫不经心地游弋，一眼看去生产业务比较清淡。此情此景之下，心中愈加对此次会谈不抱什么希望。

朋友诚不我欺，L先生是一个温文尔雅、学识丰富的人，言辞之间颇能引经据典，《道德经》和《传习录》更是信手拈来，跟我固有印象中的民营企业老板形象大相径庭。L先生很诚恳地分享了工厂的业务、困境和发展思路。日光之下并无新事，不幸的工厂都是相似的，问题也无非就是：

- 交期长，并且总是无法准时交货；
- 库存高，并且总是在生产过程发现欠料；
- 质量问题频繁发生；

- 生产过程中意外频发，总是无法正常按计划生产；

……

总而言之，通常工厂有的毛病这里一个也不落。虽然故事雷同，但也一言难尽。然后我也根据个人的见识和理解，从精益生产和质量管理体系的角度，分享了一些谈不上新奇但也还算正确的应对策略和方案。

长达三小时的交流轻松而融洽。轻松于我而言是因为交流没有目的，所以就无所谓结果。融洽一是因为 L 先生平易近人的风格，以及对于工厂未来的追求和展望很大程度上满足了我对现代化工厂管理的想象，二是从交流中明显地感觉到，L 先生已经在精益方面做了很多功课，对一些精益术语和技术比较熟悉，观点颇有见地。我接触过太多言必称精益的领导和管理者，但几乎没有碰到过真正去理解和实践过的管理者，所以第一次见到主导一家工厂的 L 先生能对精益生产有如此的理解和追求，确实，既惊讶又感慨，毕竟"山河不足重，重在遇知己。"

这一切，当时都让我对 L 先生产生了深深的敬意，但也没有立即相信 L 先生和他的工厂能在精益生产方面有一番成就。毕竟过往的经历一直告诉我，精益生产方面，慕名追求者众，最后成功者寥寥。精益生产的愿景确实很美妙，只是实践过程远比大家看到和听到的要艰难得多。

但 L 先生在总结时的真诚和执着深深打动了我，让我最终下定决心，接受了邀约。

L 先生说："我觉得我必须把这个工厂搞好，并且我相信精益生产是我必须走的路。我愿意用三年的时间来做这个实验。"

那一刻，我第一次从别人身上看到了执着的光辉。

然后，在最后，我也坦诚的告诉L先生：

- 他的选择毫无疑问是正确的；
- 精益生产从名字上就能看出，其思想和方法是直接着眼生产的，所以工厂的经营活动就是要聚焦于生产；
- 流动的生产一定比批量生产更快（缩短交期），更可靠（质量和交付准时），更有效率（降低成本）；
- 精益生产的运行模式的关键点在于流动、拉动和解决问题；

所以，他的工厂目前的问题都可以通过实施精益生产而解决。

相谈甚欢之余，后面的事情就比较顺其自然的发生了。当L先生问我能否协助他一起将精益生产根植到他的工厂内时，没有太多犹豫，我就接受了这个邀约。当然我也郑重其实表明了一些基本观点：

- 我一定可以将精益生产模式完整地带到这个工厂。
- 但如何做，是听我的，而不是听他的。
- 能否成功，关键在于他而不在于我。整个过程中，他要身先士卒，而不能袖手旁观。
- 能取得多大程度的成功，最终取决于组织自身的接受程度。要想成功，就要接受精益生产给整个现有组织带来的冲击和洗牌，尤其在开始的时候。
- 精益生产是长期的事情，不要幻想一蹴而就，也不要指望每一步都有正效应。
- 精益生产并不需要什么金钱方面的投资。

至此，我与L先生两个素昧平生的人就因为精益生产这样一件事机缘巧合地产生了交集，并开启了我接下来一年多痛并快乐着的日子。

提示

如果一个公司决定推行精益生产模式，最高领导一定要问自己几个问题：

- 如果我自己都不了解精益生产，如何指望别人带领公司进行一场精益革命？
- 进行一场精益革命需要多长时间，是一个长期的战略，还是一个短期的项目？
- 我能够自己参与其中吗？还是要委托他人？
- 我是要精益的生产方式，还是只要精益生产带来的结果？

如果个人要去领导工厂实施精益生产，那么一定要确保：

- 工厂最高领导了解并支持精益思想和精益生产模式；
- 工厂最高领导有信心和决心，并愿意亲自参与；
- 自己有信心和决心跟工厂走到最后；
- 要得到充分的授权；
- 自己真正了解精益思想，以及精益生产的基本原则；
- 自己具备足够的精益知识，掌握必要的精益技术；
- 愿意在现场亲力亲为，而不只是坐而论道。

1.2 调研

首次见面一星期之后，在一个阳光明媚的上午，我再次来到工厂，正式开始了领导工厂推行精益生产的日子。在这之前，虽然也偶尔去一些朋友的工厂里讲一讲课，组织一下精益生产培训，但要独立带领一个完全陌生的团队在一个完全陌生的领域尝试精益实践，还是元旦翻日历——头一回。

L先生的公司是一个小规模的汽车配件加工厂，主要产品有加油管、汽车水管、汽车机油管三大类，但不是为大家所熟知的主机厂配套服务，而是专供国际上的售后市场，意在成为细分市场里的出类拔萃者。

在这之前，我对汽配接触不多，对售后市场也不甚了解。独自面对这样一个陌生领域的陌生行业时，心中多少有些忐忑。紧张倒也谈不上，毕竟我是一个极度热爱现场工作的人，也接受过精益导师和教练多年的精心指导和严格督促，在精益生产这个领域里独立摸爬滚打多年，可以说只要是做精益生产和质量管理，我都不带怕的。也许内心的波动纯粹是人到新公司的必然反应。

我加入L先生的公司，并不是纯粹作为外部的独立咨询师，但也没有明确的头衔。在首次沟通中，我就跟L先生聊过，在这样的一个小体量的公司中，头衔并没有太多的实际意义（毕竟大小事都是L先生一个人说了算），如果真想进行精益生产实践，我的要求就是L先生自己需要按精益生产的要求行事。

所以，来到工厂后，尽管有点不明不白，但好在无伤大雅，还是按部就班地开始工作了。公司虽小，但螺蛳壳里做道场，该有的也都要有。而我自己的师承也是正宗的TPS（丰田生产系统）专家，虽然并没有咨询公司的标准套路和定制模板，但正常推进所需要的核心步骤也是一个不落。

任何工作正式展开之前，第一步都是了解自己的工作对象，了解现状和未来的目标，这也就是通常所说的调研。调研主要是让自己明白以下几个方面的内容：

- 针对的产品；
- 产品的客户要求，比如产能、质量、交期、交付方式等；
- 产品的主要结构、主要工艺，所依赖的设备和其他硬件；
- 当前的生产特点；
- 当前的主要问题与挑战；
- 当前的人员能力与意识。

总而言之，尽可能在战役开始之前做到知己知彼，以期待百战百胜。中医诊断靠的是"望闻问切"，调研的方法也基本上差不多，只不过顺序通常是"问"字当先。我当天再次与L先生深入交谈，并明确了产品系列及改善优先顺序：

- 优先级1：汽车加油管产品。
- 优先级2：汽车用水管产品。

- 优先级3：汽车用机油管产品。

按照这个顺序，开始阶段只需考虑加油管系列产品。以此为出发点，我找到销售部，通过交流和查阅相关销售记录进一步明确加油管系列产品中的重点系列产品。销售部负责人极有亲和力又是十分地健谈，所以没有费太多周折，我们就依据客户重要程度、产品销量和当前的困难产品三个方面，最终敲定了三款关键产品（B9XXX、B8XXX、B7XXX系列产品），以及针对这三款产品的行动顺序。

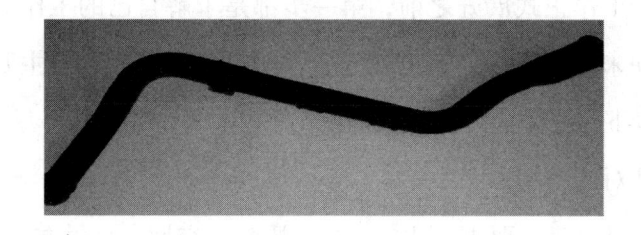

（图片来自网络，非实际产品）

找到重点客户的重要产品，以此为突破口，这个步骤既是必然，也相当重要！精益生产推行的关键，就在于一个一个产品、一个一个制程地逐步推进，"结硬寨，打呆仗"是最好的捷径。那些整体推进、搞全民运动的精益活动，鲜有最后的成功者。

我读过一些关于精益生产的书，很多书里都有关于精益大神们如何点石成金，挽狂澜于既倒，化腐朽为神奇的案例。有些场景还描述得非常生动，比如大神第一次进入工厂现场，就敏锐地发现充斥公司里里外外的浪费，大神怒不可遏，对公司一帮老臣在现场就是一顿输出，然后马上气定神闲地指挥工厂在现场各种乾坤大挪移，片刻之间，生产现场就算不是脱胎换骨，也要焕然一新，从形式、内容到结果，都让人瞠目结舌，叹为观止。

对于这些传闻和故事，我一直保持谨慎的怀疑。一个通晓精益生产的人进入任何一个非精益生产的现场，马上就发现种种扑面而来的浪费，这是非常正常的。对于通晓精益生产的人来说，对浪费的"嫉恶如仇"，是一种刻在骨子里的本能。但是，不经任何深入思考和分析就指导别人剔除浪费，这种行为则是草率而极不负责的。能够这样做而不出任何差错的大师也许确实是有，但我既没有碰到过，更确信自己没有这么大的能耐，所以必须老牛拉破车——慢慢来。

突破口找到了，接下来，我就根据确定的产品型号，查阅相关技术资料，并与技术部、生产部、品质部的相关人员初步沟通。尽管前期已经做了很多心理建设，但作为一个有强烈的质量管理体系观念的人，沟通中了解到的诸多事实还是让我惊讶不已：

- 产品的整体零件图纸是有的，但用于生产加工中的图纸和操作指导，没有看到；
- 没有具体的操作细则和工艺要求，全靠工人的经验、技术和悟性；
- 没有成文的质量要求，好坏全靠工人自我掌握；
- 必要的生产模具还是有的，但是没有维护；
- 弯管是核心关键的生产过程，但弯管参数有些记录在工人的随身小本本上，有些则完全掌握在弯管工人的头脑里；
- 样品是产品合格与否的判断依据，而样品没有任何标识，也没有人能说清来源；

- 产品的BOM是有的，但并不正确，很多时候工人要根据自己的经验领料备料；

……

一番走动沟通下来，妥妥的5页纸的负面清单。

在这样一个忙乱而无序的场景中，员工的基本素质也不难想象。光从纸面上看，工厂组织结构齐全，L先生下面有抓全面管理的厂长，技术、计划、业务、采购、仓库、车间主任、QC等各个职能部门也是一应俱全。但稍一交流，一个能打的都没有，对精益一无所知不说，对改善也讳莫如深。人人都是宽以待己，严以律人：对自己赞赏有加，对同事怨声载道；自己劳苦功高，别人成事不足败事有余；荣誉是应得的，责任是要撇清的。

跟公司里的各位高人一番交流沟通下来，我心中冰凉。除了L先生，我没有找到一个道义上的支持者，拔剑四顾心茫然。

好在知难而退不是我的风格，在及时稳定了情绪之后，再跟L先生进行了一次长谈。这一次的谈话气氛略带压抑。双方回顾了这几天的所见所闻所感，并就共同感兴趣的话题（精益生产）交换了意见。L先生重申了工厂将继续沿着精益生产的康庄大道努力前行的信念，现在和将来都将坚定不移地主张这一原则，然后也（出于礼貌）高度评价了我这几天所做出的贡献，希望双方有更进一步的合作。

至此，L先生再次展现了他坚定不移的信心和一往无前的魄力。而对于我而言，真正的勇士，就要敢于直面惨淡的人生和并不乐观的现状。好歹，总要一试。

第 2 章
启动
CHAPTER 2

2.1 培训

兵马未动，培训先行。这是必要的标准套路，但对于培训的目的要有清醒的认识。

任何事情都是做出来的，精益实践尤其如此。培训带不来精益，辅导带不来精益，讨论也带不来精益。带来精益的唯一途径，就是踏踏实实地落实每一步。对精益的深刻理解是正确实施精益的前提，但理解了精益仍然有相当大的概率失败。这句话对于实施精益的公司和推行精益的人同样适用。

很多时候，公司负责人已经对精益有了深刻的理解，也有强烈的意愿和卓越的远见来推行精益，但结果依然一言难尽。我有一个美国朋友，做精益导师20多年，曾成功辅导多家公司落实精益生产，然而2014年在广东东莞，他组织一家工厂进行生产改善，建立了节拍时间驱动的连续流生产线，极大改善了品质和效率，运行一段时间后，却招来部分人的反对，继而导致工人集体抵制，继而罢工，我这位朋友当时也是有点灰头土脸，极不开心。很多在精益领域浸淫多年的大咖，虽然对丰田发家史了如指掌，在精益理论界纵横捭阖，但是精益实践路上实实在在的成功案例也乏善可陈。

从知道到理解、从理解到成功实践之间，隔着深深的鸿沟。知行合一，说说是很容易的，但能做到的，古往今来，虽不能是说是凤毛麟角，终究是稀有的。无论知识储备多么丰富，理论功底多么扎实，每一次精益实践都应该是也只能是一次从零开始的冒险之旅，理解这一点，对于主、顾双方都至关重要。

人获得知识和技能主要是靠自发学习和持续训练，而不是被动的培训。对于绝大部分的人来说，精益相关知识只是他们被动接收来的，所以效果可想而知。指望人们通过几堂培训课就豁然开朗，大彻大悟，成为精益的忠实信徒，这是非常非常不现实的。

所以，于我而言，培训这件事，最大的意义是告知。告诉相关人员，我们现在要做一件什么事情，这件是事情是这样的，大体的做法如何如何。如此而已。至于希望在座的诸君一经点拨就茅塞顿开，这样的念头有都不要有，否则希望愈大，失望愈大。我将启动培训尽可能集中在必要内容上，时间也压缩到1天，但培训内容仍是严谨认真的。当天培训的主要内容包括：

- 标准的折纸飞机游戏。通过游戏阐述精益生产的主要模式和特征。
- 传统的丰田精益屋。通过精益屋介绍精益生产的知识架构。
- 根据大野耐一的《丰田生产方式》概括精益生产的方式。
- 根据《精益思想》一书概括精益思想的内核和逻辑结构等。
- 管理层在精益生产中的角色和挑战。
-

现场的反应也跟我预想的差不多。玩游戏时大家兴致勃勃，情绪高涨，毕竟工作时间有得玩总是让人开心；其他时间段在座的各位也是兴趣缺缺，双眼空洞，目光游移，虽然偶尔也附和几声，但大部分时间都明显心不在焉。

2.2 组建团队

在落实精益实践这个事情上，想让理论照入现实，任何时候都需要一个踏实行动的团队。匹夫之勇，通常是行不通的。群策群力，集思广益，才是正道。

但精益实践起步之初，这个道理很多时候也是行不通的，因为对于一个从未接触过精益生产的公司来说，公司原有的内部团队大部分都是典型的"三不主义"——不理解，不接受，不配合。如果有人表面上应付周旋一下，那一定是因为初次见面不知根底时的客套，或者是因为高层的旨意而迫不得已，并不是心中有一丝一毫对你的尊重或对精益的向往。

所以很多时候，虽然看起来是有一个纸面实力强大、风风光光的团队，但实际上顶多也就是捧个人场，真正能打而且愿意帮你打的几乎没有。同时，因为触动了某些人的利益，以及莫名其妙但一定存在的幸灾乐祸心理，有些人还会孜孜不倦地干些损人不利己的事。在开始阶段，没有人给你"挖坑下套放鸽子"就不错了，如果还有人能按照你的要求踏踏实实做点事情，那就实在是烧高香了。

这种情况是人性使然，不用过于苛责，更不能因此形成精神内耗，而要坦然面对，就事论事，以实实在在的工作任务来引导和迫使团队进入预设的轨道。人很难因为知道而改变，但可以通过感受而改变。指望讲讲课，开开会，编写几份文件，做几张看板，弄两张表格或报表就能让精益落地生根，是绝无可能的。负责精益推行的人，一定要有既当爹又当妈的能力和意愿，凡事都要亲力亲为，尤其是在开始的时候。开始阶段可以组建适当规模的团队，2~3人就够了，人太多反而不容易统一思想和行动，但这个团队一定要有强烈的现场实践意愿和强大的现场实践能力。在组建团队这件事情上，最重要的事情不是人数的多寡，而是：

- 一定要有人能落实现场改善；
- 团队要有杀伐果决、说一不二的魄力和权力。

而这件事情具体到我身上，答案就更直接，因为没得选，就这么几个人。这主要是因为工厂本身的历史原因和传统：

- 小型公司找人都相当务实，人几乎都着眼于那些看得见摸得着的工作，比如操作工、模具工、模具设计师、检验员、仓库管理员等，带点管理思想内涵的工作，比如制造工程师、质量工程师等，绝对是稀有动物。
- 很多小型公司有很多浪费（当然大公司也不少），但对直接人工又非常敏感，恨不得将一个人掰成三个人用，所以每个人都非常非常忙，尽管效率很低。

L先生很快决定，让生产厂长以及PMC主管跟我一起干。就这样，我们就"愉快地"启程上路了，起码当时看起来是这样的。毕竟，唐僧师徒去西天取经的队伍，组建伊始看起来也是其乐融融，一片祥和的。

2.3 价值流图分析

基本情况摸底之后，就要进入和精益生产直接挂钩的工作了，也就是价值流图分析。

在《精益思想》一书中，沃麦克和琼斯教授明确了精益思想的终极内核：

- 识别价值；
- 识别价值流；
- 创造流动的价值流；
- 拉动价值流；
- 追求完美。

对精益思想的理解和接受程度，决定了你在精益生产方面的段位。很多人都曾探究过IE跟精益生产之间的区别，而能不能从价值、价值流、流动、拉动和尽善尽美这几个方面来考虑生产和生产中发生的问题，就是一道根本的的分界线。

其实，精益思想的5个要点也对应着精益实践的逻辑顺序：

① 找到产品（或者产品类别）。

只有产品才是价值和流动的物理载体。

② 识别客户要求，也就是从客户端识别价值。

在这个步骤你就可能发现，有很多东西是公司自以为是的要求，而不是客户的真正要求，也就不可能体现真正的价值。这就是首先可以剔除的东西。

③ 识别产品的价值流。

产品的价值流包括：产品设计过程的价值流、订单信息转换的价值流、产品生产的价值流。对于大部分工厂而言，开始精益生产实践通常从产品生产的价值流入手。

④ 观察价值流的流动。

价值流需要流动才有价值。以流动的观念来看价值流，如果价值流有停顿，这就是需要改进的地方。

⑤ 建立拉动的方式来驱动价值流。

这也是精益生产与传统的批量生产在生产模式上最大的不同。基本上，如果一个工厂能把精益生产做到这一步，已经足可以让人印象深刻了。

⑥ 持续改善。

就是把上面5个步骤在其他的产品或产品族上再来一次，或者周而复始地将上面5个步骤在产品上或点或面地实施。

这几个步骤毫无疑问是正确的，精益实践万变不离其宗，都是在这几个方面局部或全面地做文章。当然在具体的应用中，也不是说只能按部就班，一板一眼按照上面的步骤来，还是要因地制宜，根据实际情况灵活应对，毕竟精益很单纯，但工厂的人和事都很复杂。

我选择了从价值流图起步，因为价值流图确实是一个价值巨大的工具。它可以帮助你不只是聚焦于单个的工序或单个的流程，而是着眼于整个流动。同时，通过对价值流的分析，更容易看出问题的轻重缓急。更重要的是，价值流图通过一些特定的数据来说明现状和未来，这种定量的工具能很客观说明生产的实际绩效，同时也始终校准着生产改善的航道。

当然在日常沟通中，价值流图虽然听起来很高大上，但实际上除了增加误解和沟通解释的成本之外，并没有什么太多的作用。所以我并不十分主张价值流图的说法，而是更愿意采用丰田公司最初的说法——物料和信息流图，直接明了。

所谓价值流图，就是一张展现物料和信息如何流动的图表。

选择产品（产品系列，产品族）

这是价值流分析的第一步，因为精益生产一定是针对特定的产品。当时摆在我面前的产品还是比较多的，具体情况如下：

- 加油管系列160款。
- 水管系列50款。
- 机油管系列30款。

这些不同系列的产品从材料到工艺都大相径庭，而同种系列产品的材料和工艺也并不完全相同。产品之间并没有明显的主次之分，生产完全无法预测，也就是各种产品都可能随机出现，全凭客户订单要求。

前期与L先生的深入沟通派上了用场，大体方向是确定的，就是从加油管系列产品开刀。然后我再针对具体的产品采用简单的2~8

原则，当然也要用上团队的力量，确定关键产品的优先顺序。接着就是熟悉并了解产品工艺的共同性，尽可能将工艺接近的产品划为一类。经过一番调查，最终确定了从油管产品的B9XXX系列开始。

针对首选的B9XXX系列产品，我花了两天工夫，经过现场"逆流"走动和沟通询问，掌握了流程的基本情况，然后绘制了其当前价值流图，如图2-1（非原图，整理相关敏感信息后重新绘制）。

画完这张价值流图，我们就看到了一些基本情况。

- 该产品的典型流程是：切料、扩口、镦筋、车床加工、弯管、冲孔、焊接、静电喷涂、组装&包装。其中车床加工和静电喷涂需要由外部供应商完成。
- 工序的分布是完全依照设备的功能来集中分布，物理上分为下料车间、弯管车间、冲压车间、焊接车间、组装车间。
- 信息流是典型的MRP推动流程：销售部门将客户订单信息传递到计划部门，计划部门根据交货日期和提前期制定各个分段的生产计划，并传递到各个车间。
- 毫无疑问，每道工序都会根据自身生产的特点调整生产任务，工序之间通常以超过客户订单需求的批量移动。
- 每道工序的生产周期长。
- 外发加工的周期长。
- 成批量的产品在切管、弯管、冲压、焊接之间折返跑。
- 组装阶段的顺序：头部组件组装，冲压，其他部件组装，丝网印刷，包装。组装车间在三楼，而冲压工序需要在一楼冲压车间完成。因此，产品又需要批量在一楼和三楼之间移动。

整个工厂的生产看起来很凌乱，因为它本来就如此！

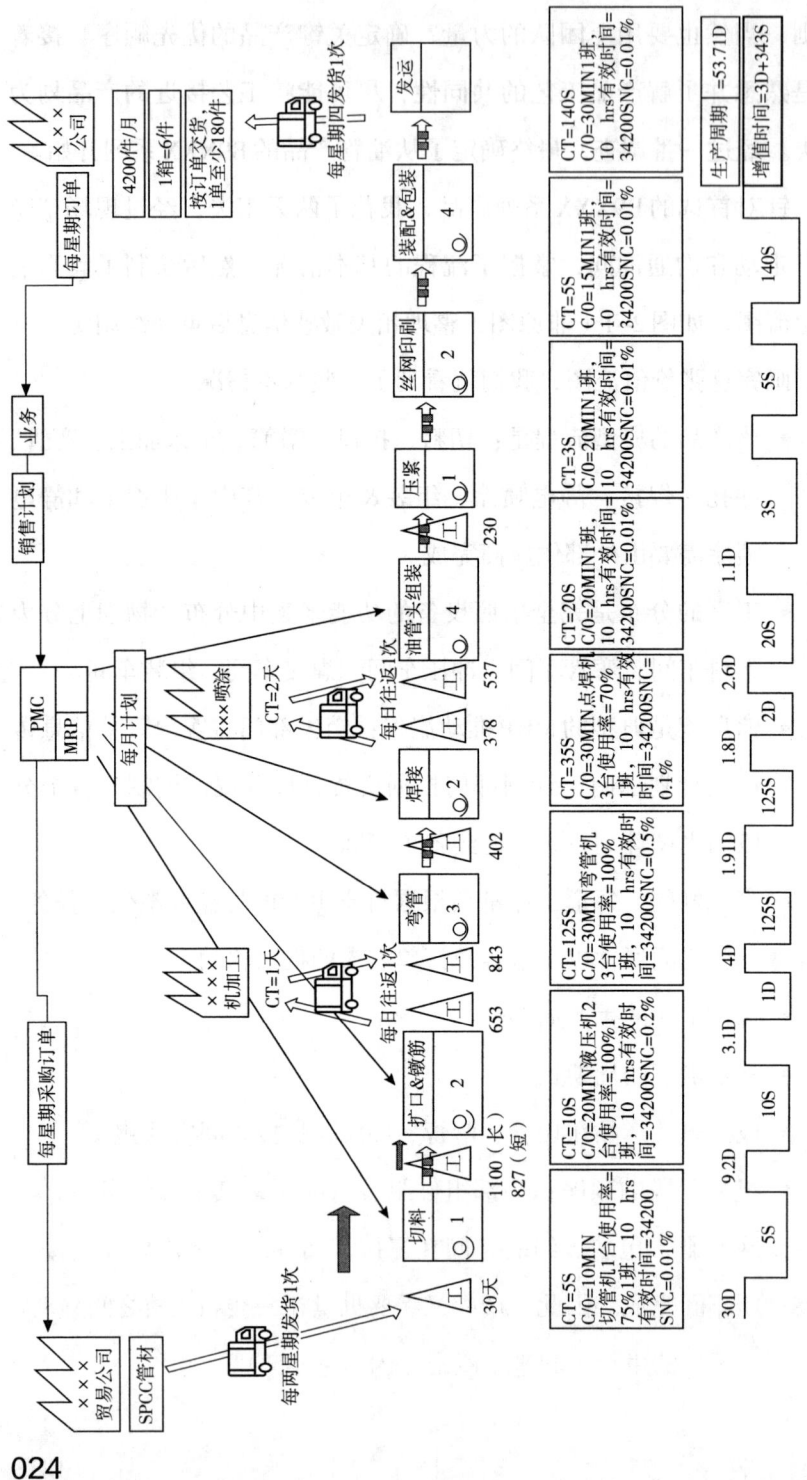

图 2-1 B9XXX产品当前价值流图

完成当前价值流图后，又结合工厂对于未来的展望，绘制了未来价值流图，如图2-2。

两张图一对比，个中优劣，一目了然。

💡 提示

绘制价值流图的提示：

- 亲自到现场去收集相关信息；
- 先按工艺流程走一遍，从来料到出货，了解整个工艺流程的概貌；
- 调查分析时按工艺流程逆向行动，从装运出货到来料；
- 准备一张过程信息表，记录现场观察到的实际数据，而不是引用已有的标准数据；
- 个人独立完成数据调查和分析工作；
- 始终使用铅笔记录数据并手工绘图；
- 不要追求完美的图表。

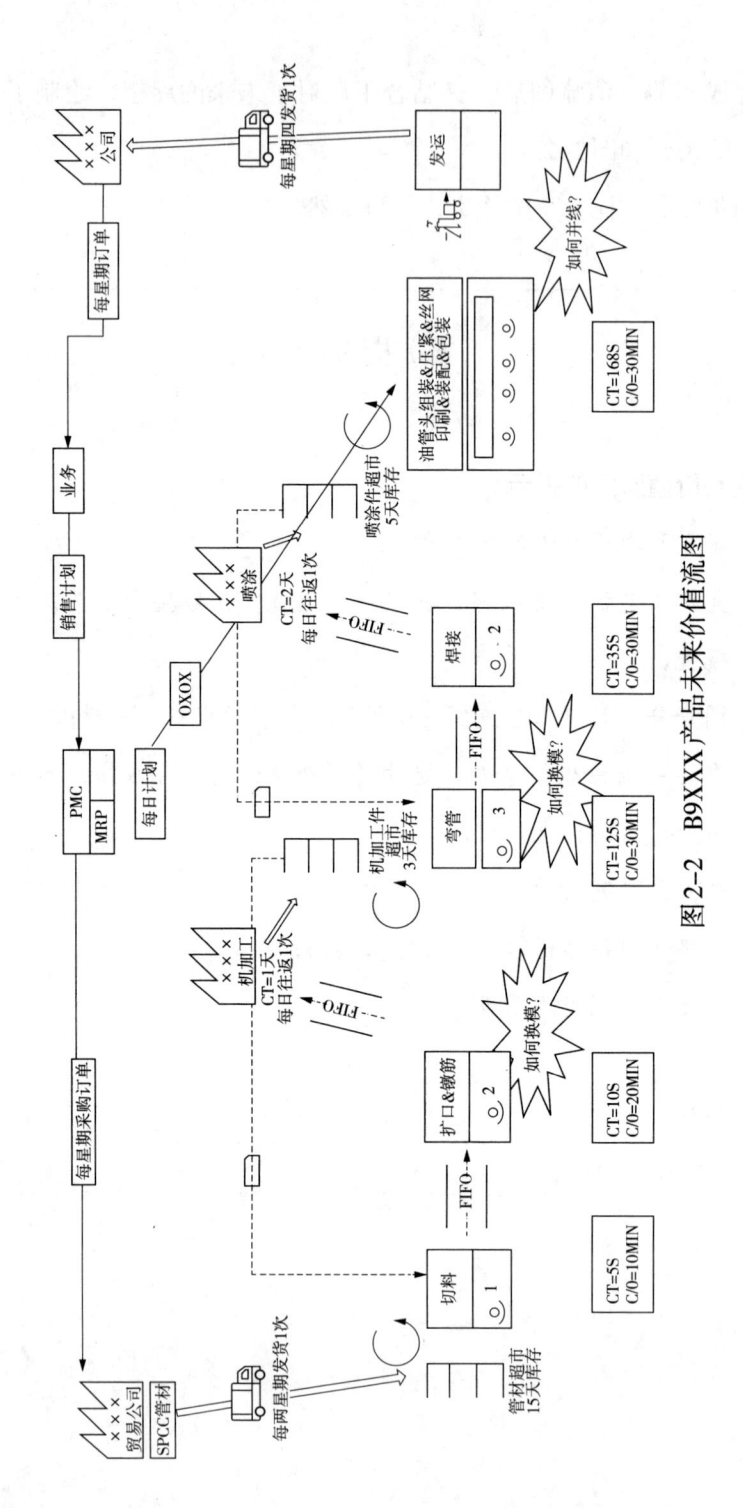

图 2-2　B9XXX产品未来价值流图

2.4 期望和计划

通过价值流图分析，能更清晰地看到精益生产有别于传统生产的一个非常明显的特征：每个过程都知道自己是为顾客（下一道工序）做什么、什么时候做，而不是被动地等待来自计划部门的（或人为的）调控。每个过程都具备"调控生产"的自我神经，材料的流动由"顾客"决定。

而传统生产中，材料流动是由生产者根据预测或猜测推动，同时更关注自身的利益最大化（如果是计件工作制，则这种趋势更为明显），而不是顾客（下一道工序）的需求。推动意味着过程生产不考虑下道工序顾客的需要，只是"推动"向前行进。不幸的是这样的推动很难一直稳定进行，因为计划会变化且生产过程很少能按计划进行（如果批量生产有很高的准时完成率，那么通常意味着过程有很大的能力富余，也就是浪费）。在这种情况下，各个过程间将不可避免地生产出大量现在不需要的部件，这就产生了大量的库存。

对比当前价值流图和未来价值流图，我们能很清晰地看到两种运行方式的不同，也能看到很乐观的改善结果，单是生产周期就缩短到了原来的一半。虽然只是纸面效果，但至少让人看到了希望。

成功的精益生产确实能带来很多积极效果，所以在实践精益生产之前，大家都乐于做一些美好的展望：

- 金钱方面的收益；
- 交期缩短；
- 质量可靠，不良率降低；
- 库存降低；
- 效率提高；
- ……

在这所有的期望中，金钱方面的收益自然是诱惑最大。有这种期望是很正常的，但如果只是把精益生产看作一个短期财务改善的工具，则明显偏离精益生产的根本，这种急功近利的思想对于精益生产的真正落地是没有帮助的。在一个较短的时间期限中，精益生产在财务方面的影响通常并不明显，何况有些精益思维带来的改善很难从财务报表上体现出来。同时，以上的种种期望事实上都是对某种产出结果的期盼，但精益生产的内核，并不只是追求产出结果，而是追求一种过程状态。结果只是过程状态达到某一程度时的必然产物。达到以上的期望有很多种方法，但要达到精益的过程状态，则几乎没有唯二选项。精益的过程状态必然是：

- 按节拍时间生产；
- 尽可能地单件连续流；
- 标准化作业；
- 持续改善。

这样说并不是精益生产实践不需要或不重视结果，只是说，在实践中，更关注是否按精益的方式进行生产。还是那句话，按正确的方式做事，其他的交给时间，结果会自然而然发生。就如同坚持按健康的方式生活，各项体检指标自然会得到改善，持续向好。

精益生产关乎价值，更关乎成长和利润。实施精益生产最常见的误区就是管理者凭借自己的见解来定义问题和浪费，然后自说自话地"改善"。实际上，"问题"或"浪费"本质上都应根据客户定义的价值来判定。

基于此，我与L先生及精益团队再次梳理了相关的目标和展望，并明确接下来的进度计划。达成协议的过程中并不是没有分歧。H厂长和PMC主管L女士倾向于从弯管车间开始，毕竟目前现实中那里带来的困扰更大。H厂长的话很直接："精益生产不就是要解决我们目前的问题吗？否则我们为什么要做？"这句话当时完全挑不出毛病，于我而言，如果在开始就能迎合甲方的要求，解决最直接的痛点，实际上也是一种比较稳妥的策略。很多时候，我们是可以从现实中最棘手的问题着手的，那样既有针对性，也容易符合大家预期。如果一个工厂本身对精益生产缺乏认知，那么在某个局部上做出一点明显的改善，也容易打开局面。

但这次，基于前期跟L先生的多次沟通，双方的主要目的并不是做一个单纯的改善项目，而是从根本上建立一个精益生产的体系，那么就不能拘泥于单兵突破。精益生产体系必然包含大量的提案改善，但是单个的提案改善并不是精益生产。大家可以想一下，为什么很多公司每年都有很多看似成功的改善个案，但整体绩效却没有明显的提升？我倾向于先建立一个精益的框架，然后在框架下持续寻求个案改善。这次我决定按经典的方案，从拉动的第一个过程——装配&包装过程开始。

这一回初次的尝试，我们将聚焦于加油管的装配&包装工序，致力于建立一条符合精益原则和模式的生产线，并确保达成以下实实在在的结果：

- 日产量提高1倍；
- 人均产出提高1倍；
- 每天换型产品增加至5种。

基于这些并不过分的目标，我们又拟定了一个逐步推行计划。这个计划相当朴实，就是具体事项加上时间线。就这样，一场精益实践之旅，在充满忐忑的期待中起步了。

任务	完成截止时间
装配，包装工序建立连续流生产线	2020.7.31
机加工阶段实现看板拉动生产	2020.10.31
外协件实现看板拉动生产	2020.12.31
建立和发展精益推行团队	2021.3.31

— 2.5 —
进入现场

选定定拍工序

精益生产实践从哪里开始？固然可以根据价值流分析结果以及由此产生的改善计划，但有经验的老师通常不建议这样做，当年我的教练也不是这样建议的。尤其在一个从未听闻过精益生产的工厂，最好还是按照《学习观察》一书中的建议，从定拍工序开始。最终我们要在整个价值流上建立拉动的生产模式，而定拍工序是拉动的发起地。当最后一环成为稳定的节拍发生器后，前端各个环节的改善也就有了可靠的依据。反之，如果定拍工序不稳定，那么整个生产过程就无法进入一个稳定可靠的改善循环。

在很多工厂，装配&包装都是一个天然的定拍工序，这里也不例外。所以这次我就选择了装配&包装生产线。

现场初步观察

任何精益实践都必须也只能在现场落实，而现场改善的第一步就是现场观察。Go and see（过去看看），这是我的精益教练从第一天起就跟我说得最多的一句话。永远不要试图在工作现场之外的场所来解决问题。

这句话真不是随便说说，从定拍工序确定下来的第一天起，我就将办公桌搬到了生产线旁边，以方便跟现场保持随时随地的亲密接触。正是六月，三楼的车间酷热难耐，没有空调，连一只专属的风扇都没有。直到两个星期后的某一天，还是L先生到线上看到我满头大汗，才特意嘱托人买了一只落地风扇，但因为我绝大部分时间都是离开办公桌去到车间的各个地方，这只风扇的使用频率也不是很高。

当时我在现场"孤身涉险"的行为，其他人非常不理解。一位大姐认为我可能是过于憨厚老实，还偷偷给我支招如何偷懒摸鱼，不要每天那么"傻乎乎"地待在作业现场。但见我不愿意学，也就不再教导我了。

在现场最重要的事，就是现场观察。无论是"大野耐一圈"还是GEMBA，核心都是要学会观察、学会思考。现场观察不是一种技巧，而是一种能力。这种能力需要学习，更需要长久的训练和实践。

我倒没有像大野耐一那样在地上画一个圈，一方面是因为脸皮有点薄，担心如此"出格"的行为会成为众人茶余饭后的谈资；另一方面是因为我在一定程度上可以脱离这个圈的束缚了，有圈无圈，都不影响我在现场发现问题。

经过几天的观察和了解，总结起来比较突出的情况是：

- 装配作业没有固定场所，四个工人完全根据当时的空间情况，随便找张桌子，张罗一些工具就开干。这种情况下，物料定置定位肯定是没有的，工具能每次找到也是奇迹。

- 物料成批按订单堆放，四个工人一起，依次从第一道工序做到最后包装。
- 80%的油管产品在油管头部件组装完成后有一道冲压工艺，需要在冲压车间完成。冲压车间在一楼，装配车间在三楼。于是，产品要在完成头部件组装后从三楼转移到一楼车间，完成冲压后再转回到三楼完成后续的装配和包装。冲压工作通常由一位员工完成，而在产品冲压时，其他员工会转而组装其他产品。所以，现场的物料堆积如山，生产中，员工经常在不同的物料堆中跳跃前进。
- 成文的装配工艺完全没有，产品装配完全凭员工的记忆和技能。由于产品类型太多，每次生产都需要反复确认产品质量、包装方式、标签样式甚至贴标签的位置。鉴别质量的唯一依据是一个连确认签名都没有的样品，有些样品甚至连产品编号都没有，是否与正生产的产品一致完全凭借操作员工的记忆来确认。
- 装配过程中有大量的单人无法完成的动作，如铆接、套橡皮套、丝网印刷等。
- 橡胶管装配前需要放到烘箱中加热10分钟左右，因为直接装配很费力；从烘箱中拿出来后必须尽快装完，否则橡胶管冷却后又变硬了。

……

这个问题清单很长很长，足以让我在盛夏时节感受到久违的凉意。

现场改善的顺序

精益生产中，现场观察、现场改善的顺序如下。

- 有没有清晰、稳定的流程。如果没有，先采取措施让流程清晰稳定下来。
- 流程上是否有明显的安全缺失。如果有，采取措施补善。
- 流程上是否有明显的质量控制缺失。如果有，采取措施补善。
- 流程在物理上是否有明显的脱节。如果有，采取措施让流程链接起来。
- 流程中间有没有单人无法完成的操作（也就是需要两人或以上才能进行的操作）。如果有，采取措施让一个人就能正常完成工作。否则，如何让两个人无差别配合是一个很大的挑战。
- 流程中间是否有明显的停顿（批量生产）。如果有，采取措施降低批量，或者条件允许时，直接跳到单件流。
- 当上述这些明显的问题都得到改善后，就可以持续应用著名的"大野耐一圈"，不断观察流程的实际运行，不断找出运行期间的浪费，不断采取措施持续改善。

总而言之，改善的思路就是先稳定，再改善，持之以恒，周而复始。任现场情况千变万化，这个套路放之四海而皆准。所以，这次我的改善方案也直截了当。

我单独腾出一块地方，用来布置未来的组装流水线。当现状比较混乱时，比较明智的做法是将混乱的情况先隔离开来。

当然，如果能够直接找出混乱的根源并立即采取行之有效的改善，也可以在现行的流程运行场所直接动手。但我当时的情况，人、机、料、法都不具备，所以采取了更保险的做法，原来的场所暂时保持不动，在旁边另起炉灶。这样既可以最大限度保证现行的生产不受影响，也能避免自己一开始就掉入"既要保生产又要抓改善"的泥沼中，左右互搏，相互掣肘。

为这条未来的流水线，我定下了几个改善任务。

- 明确产品的质量标准，包括使标准样品的管理标准化。
- 将中间脱节的冲压工序转移到装配线上来，或将装配线转移到冲压车间去。
- 制作装配工装来改善橡胶管的装配，以取消加热工序。
- 编制装配工艺文件和装配作业指导文件。
- 制作装配工装，改良设备，让每个工序都能实现单人操作。在这些硬件准备好之前，精益团队成员可以临时顶上协助生产，但每个工人在生产过程中必须实现单人独立操作相关工序。

在当时，这一切看起来虽然任务繁多，但远谈不上艰难，何况还有胜利的曙光就在前头。

定拍

选定了定拍工序，就要给生产定拍，也就是确定节拍时间。这一步，要和业务以及其他相关人员确定每日的出货需求，如果需求不稳定，就要通过分析得出期望的每日出货需求。开始的时候可以将这个需求定得高些，毕竟大多数的现实环境中，过盈总是要好过不足。

当时工厂的峰值装配产出是每天300根油管,经过沟通和权衡,第1个月的目标产出定为每天(7.5个小时)400根。这还不是我的目标值,但至少比现状略高。目标值总是不能比现状还差的。计算得到节拍时间如下:

$$TT=7.5 \times 60 \times 60 \div 400=67.5 秒$$

考虑到生产的波动,尤其是初始阶段的不确定性,假定实际生产效率是理想值的90%(这个达成率目标已经不是很低),那么在保证400个/天的产出的情况下,节拍时间$TT=7.5 \times 60 \times 60 \times 0.9 \div 400=60.75$。保险起见,直接确定节拍时间$TT=60$秒,也就是1分钟1个产品,这样既能保证产出,又方便大家记忆。

了解装配工艺

在《精益思想》一书中,有这样一段名言:

"如果你不能迅速把产品开发时间减半,订货时间减少75%,生产时间减少90%,那你一定是哪儿做错了。"

其实,这是我个人对这本书中的内容唯一不确信的地方。主要是因为"迅速"这个词。我过往所有的经历都告诉我,做精益实践不是变魔术,在开始阶段是非常艰难的,哪怕是让现有人员按照你的策划来操作一遍都非常不容易,更不要说迅速产生立竿见影的效果。而如果在开始阶段无法让现有人员按你的要求来落实实践,那你就得自己一步一步来。生产技术专业上的鸿沟,并不像想象中那么容易跨越。

我对于产品和相关工艺并不熟悉，就以一个小白的心态起步，一点一滴去现场学习。最好的学习方法永远都是仔细观察，认真思考，积极实践，再虚心求教，如此你只管努力，必有所成。

在这里，虽然没有成文的工艺文件，但产品图纸还是有的。好在产品本身并不复杂，我又有着质量、工艺、现场生产的基础，着手的还是最简单的装配工艺，所以几天过后，也就将产品的装配工艺了解得七七八八。归纳起来，其实相当简单：

- 装闭合弹片；
- 装密封环；
- 装头部组件到油管内；
- 压合；
- 装小橡胶管并锁紧；
- 装大橡胶管并锁紧；
- 缠绕导电块；
- 印产品编号；
- 套袋封箱。

没什么难的！

现场观察练习

1. 准备好现场使用的工具，也就是铅笔、观察表和秒表，还有现在从不离身的手机。

序号	问题描述	时间损失	问题类型									原因
			安全	不良品	等待	库存	搬运	多余动作	多余加工	过量/提早生产	

2. 找到一个安全的、易于观察现场工作的地点。可以用粉笔或胶带画一个圈。如果介意别人的眼光，不想从观察者变成被观察者，也可以不画圈。

3. 站在观察点内观察现场作业活动，记录观察到的问题及对应的零件损失，主要关注安全问题、质量问题、停顿或中断、标准操作循环、标准操作循环之外的动作或过程等。

4. 记录问题后，思考"问题的真正原因是什么"和"快速的解决方案是什么"。

5. 观察过程中不能离开圈子，不需要讨论，只需要深度观察。观察时间至少30分钟，然后逐步增加。

6. 观察结束后，在工人（合适时，也可以是现场管理人员）方便的时候，与他们交谈，进一步了解问题的真相。

7. 筛选问题，并明确问题的优先顺序和轻重缓急。这要从安全、品质、生产力、成本、改善成本和时间等基本绩效指标全盘思考。

8. 分析问题原因，确定改善对策。参与人员要结合实际问题来选择，但对应现场的一线员工和管理人员是不可缺少的。

9. 现场观察是一项厚积薄发的修炼，需要长久的坚持。

永远不要试图在工作现场之外的场所来解决问题。问题从来都是从现场挖掘出来的，不是坐在办公室里想出来的。另一方面，问题在办公室里永远是问题，深入现场才能找出解决方法。"观察现场"只是手段，激发管理者的深度思考和决定才是关键。

第 3 章
第一次单件流试运行
CHAPTER 3

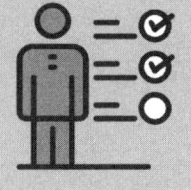

3.1
构建流水线

精益生产模式的特点

正如在前言中所说，精益生产模式至少具有以下特征：

- 高度标准化作业；
- 按节拍时间生产；
- 单件连续流；
- 拉动生产；
- 均衡生产。

如果一个生产系统与这几点一个都不沾边，你还硬要告诉别人你这实施的是精益生产模式，那肯定没人相信。所以我首先需要建立一条实体的生产线来体现上述几个特点。具体到L先生的工厂，首先需要创建一条加油管的流水装配线。

创建连续流的步骤

虽然不同的工厂实现连续流的步骤不会完全一致，但基本的逻辑步骤都是相同的。

1. 了解现状、需求和期望。包括产能、生产劳动力成本、投资和预算、可用场地、完成时间节点等。

2. 了解产品。包括产品本身的特性，如材质、配置、尺寸、重量、几何特征等。可以通过研究配置及BOM表、产品图纸（包括装配图和零件图）、质量标准、包装规范、实物样品等来获得必要的知识。

3. 了解过程。也就是熟悉过程关于5M1E的要求，可以通过生产流程图、生产布局图、工艺文件、操作指导书等来了解。

4. 了解产品和过程的质量要求和安全要求。

5. 计算TAKT TIME（节拍时间）。

节拍时间TT= 净操作时间（某时间段）/ 客户需求数（某时间段）

6. 到现场进行时间观察。

7. 计算需要的操作人员数量。

工人数量= ε OCT（周期时间总和）/ TT（节拍时间）

8. 拆分工序，建立线平衡。

产线平衡率= ε OCT（周期时间总和）/（最长工序时间 × 工序数量）

图3-1 平衡工作表示例

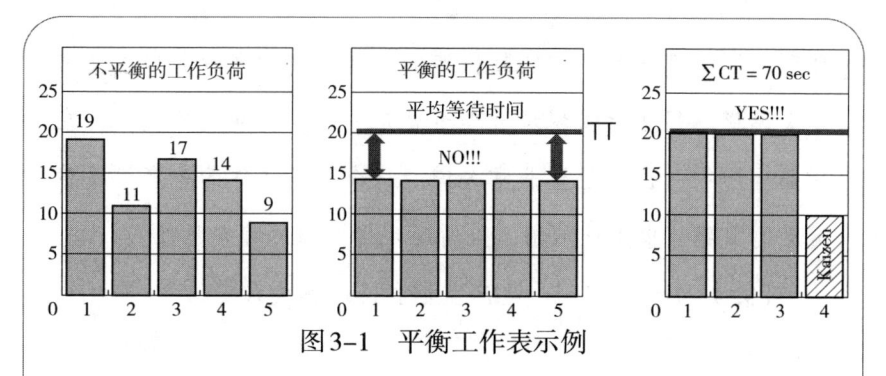

9. 生产线设计。

工序之间的衔接和产品流动是以单件流生产为基础。所以，工作台面、物料流转都以此为出发点。这时有关直线、L线、U形线的概念和设计就可以根据实际情况出现了。

10. 建立实体生产线。包括电路、气路以及其他必需的动力资源，设备、工作台、工具、工装、照明、通风、工作通道、ANDON系统等。

11. 物料排布和上线安排。包括配置物料架，设计物料周转方式，配置看板回收槽等，考虑的出发点是产品能流到操作员的手边，每次能在同一地方取用产品。

12. 建立物流。包括物流通道、线边超市、容器、周转工具等。

13. 建立看板。看板是实现JIT最主要的工具，所以要妥善加以利用。

14. 制定标准作业。

15. 人员安排、培训及演练。人员安排包括操作人员、物料配送人员以及必要的管理人员。操作人员和物料配送人员好

> 理解，因为都是生产中实际需要的人员，但管理者的角色通常定义模糊。很多时候现场管理者就是一个万金油的角色。但在精益生产中，这个位置非常关键。这个人是让你的生产线平稳流动的保障，也是让从根本上解决现场问题的直接责任人。
>
> 16. 建立管理规则、生产监控和问题解决系统。

自进入现场后，由于前期的相关事务，比如现场观察、工艺学习、确定节拍时间等基本上都是我个人的独角戏，跟工厂的其他相关人员交集不多，或者说还没有开始给其他人提要求，所以日子还过得去。我跟相关人士还能维持表面上的和气，基本上有个见面一笑的交情。但随着工作的进行和推展，这种表面的祥和很快就打破了。

当前的主要任务是将任由员工自由发挥的装配活动变成有组织、有顺序的流动生产，所以需要在物理上构建一条流水线。

一个忠告：除非特别特别有把握，否则不要什么都没有做就先大张旗鼓地整一条高大上的流水线出来。相对地，对那些上来就嚷着要构建智能化、数字化生产线的人，要保持足够的警惕。真正深刻体会过精益生产的人都明白，精益是一门实践的学科：设想，然后实践，再设想，再实践。所有的改善都是一点点摸着石头过河，逐步推进。精益生产从来就不推荐大投入、大革新，而是在现有的物质基础上尽可能先试试看。流水不争先，争的是滔滔不绝！

我个人的看法是：对于第一次吃"精益"这个螃蟹的公司来说，先让他们接受一个流动的模式，远比先让他们接受一条完整的流水线更重要。

所以从一开始我就没打算构建一条有动力驱动的流水线，而是倾向于就地取材，开始阶段能建一个流水线的雏形也是可以接受的。事实上工厂里还真有。我注意到在一个车间里搁置着两条由定制工作台拼凑成的流水线。据L先生介绍，这是两年前有一次为应付客户参观而产生的应景之作，当时还请了外部的专业制作公司，但客户参观后，就没有再使用过，因为员工说工作台宽度和高度都不合适，不方便操作。这对我来说倒是瞌睡时碰到枕头，来得太是时候了。

生产线布局规划

为了不影响现行生产，仔细斟酌之后，在现行的装配车间找了一块约60平方米的空地，然后开始了我的表演。首先是对装配线做整体布局规划。生产线的布局主要考虑以下几个方面：

- 流水线布局，尽可能消灭孤岛生产；
- 工艺原则，按照必要的工艺路线来安排；
- 物料流动，尽可能按照MILK RUN这种方式；
- 结构紧凑，占地尽可能少；
- 预留设备、物料扩展空间，预留设备干预（维护）空间；
- 物品摆放尽可能利用立体空间；
- 其他方面，比如顺时针还是逆时针流动，如何利用光线等。

有一点要特别说明的是，很多工厂都习惯于将机器、产线靠墙。而我个人倾向于将生产线设置在平面中央，并尽可能在墙壁周边和生产线之间形成顺畅的通道。

规划时要尽可能周全，但也不要力求完美。完美是不可能完美的，更不可能一开始就完美。最好的方式是，守住基本的原则，从简单的步骤尽快开始，然后改善。

在应用这些工作台时，有一个直接的问题：高度不够。因为这些工作台都是按照坐式生产的方式构建的，相对于我理想中的站立式工作方式（在精益生产中，几乎默认采取站立式工作方式）来说，就太矮，高度明显不够，如果让员工长久弯腰工作，既不科学，也不人道，到时肯定没人买账。

高度不够，垫块来凑，加高就行了。操作也简单，买一些精益管接头过来，然后接上一小段精益管就可以凑合着先用。想法不错，但小事情上实现起来也有挫折。工厂只有一台切管机，我想去锯切一些管料时，锯管工人还不想让我用，说生产很忙，机器没空。名义上的团队成员也不见踪影，我打电话给H厂长，H厂长在电话里安慰了我一下，但也没有来实质性地协调。最终，还是我自己瞅着晚上切管机歇着的空当，抓紧时间锯切了一些组装工作台所需的管件。虽然这是一个无关痛痒的小插曲，但也预示着接下来的精益实践不会一帆风顺。

电、气设置

以前这个地方是空闲的，所以并没有现成的电、气线路和接口。以前车间的电、气管路都是在四周的墙上方便生产靠墙进行，而现在我将生产线置于车间的中央，那么绕墙的这些管路肯定无法满足生产要求，所以电、气都需要重新布置。

这件事反而是进展非常顺利的，因为厂内部没有相关的电工作业人员，所以从外部雇了两个人（一个专业电工加一个小工），同时，本着节省成本的原则，也没有使用更美观但相对费钱费时的桥架，而是直接在天花板上装气管和电线管道，一个周末就搞定了。

因为产品类型太多，当时不确定究竟要留多少气管、电路接口，只有尽可能多留几个（这一点跟家庭装修尽可能多留几个电源插座接口的心态是一模一样的），好在，在后来很长一段时间内，留的管路接口都够用。

机器布置

当前的装配过程有个一眼可见的毛病，就是油管头部组件装配好后，要从三楼哼哧哼哧转移到一楼，完成一道简单的冲压后再哼哧哼哧转移到三楼。这种没事找事的做法我从第一眼就觉得不可思议，当然也万万不能接受。

任何现场的改善都可以应用IE的ECRS原则（消除、合并、重排、简化）来思考。能直接消除固然是最好的，但需要持相当慎重的态度。在起始阶段，比较靠谱的做法是考虑如何合并和重排，而取消和简化最好是等到透彻地了解产品和制程要求之后才实施。存在就是合理，有些旁人看起来相当不合理的行为，其实也是经验和教训的积累，是踩了很多坑才换回来的财富。谨慎而坚定，是现场改善的第一要务。

所以当时我考虑这个问题的基本方向就是如何合并。最简单最直接的做法（通常也是最有效的方法）就是将一楼的冲床（带模具）直接转移到三楼。这种方式只是将设备重新布局定位，对生产的负面冲击和影响往往是最小的（变量越少，越容易控制）。但念头一起，当时就自我否定了，主要原因是：

- 一楼的都是大型落地冲床，三楼的楼板能否承受反复的冲击，在当时是一个未知数；
- 冲床尺寸很大，大家伙一上去，装配线的空间就显得很局促；
- 冲床的噪音让大家反感。

然后考虑是否可以将装配线转移到一楼冲床旁，或将冲压前的装配转移到接近冲床的区域，这些方案被工人们否决了，有物料布局的问题，有工位安排的问题，还有装配工人喜好的问题（他们还是喜欢在相对安静的三楼工作）。所以，如果要合并，就需要寻找可以替代的机器。这一次就没有工作台那么幸运，工厂内没有现成的机器可用，必须外购。

这里再次说明一下，为什么开始想的都是如何腾挪生产线，而不是直接购置设备呢？第一个出发点就是成本。精益思维下的改善，从来就不是大手笔的投入，而是尽量追求在现有条件和资源下折腾出一个符合要求的结果。而买设备就是不由分说，直接花钱了。第二个出发点是时间。外购要耗费额外的采购时间，如果机器造价昂贵，还要反复选型、比价、确定规格，这些都需要付出巨大的时间成本；如果在工厂就地取材，就意味着可以马上动手。基于此，我一开始并不想直接采购设备。

但现在内部折腾的空间已然没有，只有通过外购机器来解决这个问题了。于是，我开始寻找可以替代的机器。找寻替代品的思路也很简单：

- 能实现想要的冲压功能；

- 工作速度能满足生产需要；
- 体积小；
- 操作时有安全感；
- 噪音小；
- 投资要尽可能小。

本着谨慎的原则，我尝试着跟工厂内部的专业人士沟通，然而并没有得到太多专业的建议。H厂长认为只要是台冲床就行，噪音什么的都是小问题，因为这么多年大家都是这样过来的。在我坚持希望找一台安静一点的机器后，就不那么热心了。

实事求是地说，我对这些加工设备并不内行。但这时赶鸭子上架，硬着头皮也要上。所以说，精益实践，没有较强的心理素质和迎难而上的决心，是真的不行。后来L先生建议我也许液压机是一个更好的选择，这就给我指了另外一条明路。

循着这个思路，我查阅了一些资料，发现龙门液压机是一个不错的选项，于是欣欣然提议采购。这时H厂长告诉我要讲程序、走流程，我需要先填写采购申请，经他批准，并经L先生批准后，由专职人员采购。

当时我虽然有点不爽，但初来乍到，多纠结也没有什么好处，于是叹了一口气后，还是按程序照章行事。一个星期后，啥都没见着，也没人给个信，无奈只能自己去问。采购人员却一脸茫然地看着我："你说啥？要买啥？"

我这才发现，我一笔一画写的采购申请还在H厂长的办公桌上一动不动。强压怒火去问询，被轻描淡写告知："事情太多，忘记了。"

到这一步，我也没啥说的，只能告"御状"，在L先生的直接过问下，一个星期后，我拿到了我要的龙门液压机。一波三折之后，虽然还是把事情办了，但我知道，我跟我的"团队"之间已经友尽，是时候分道扬镳了。

再回过头来说一下这台设备。因为知识和经验的欠缺，选型时过于关注价格，竟然忽略了一个自动控制选项，选错了机型。收到机器后，实验发现，缺少了自动控制功能的机器操作起来很麻烦，无法顺利地按预期使用。于是，我又去二手市场耗资1000元买了另一台液压机，效果极佳，完美解决了冲压工序的设备问题。这台好不容易买来的龙门液压机，在后来的探索中，也很好地用在了另外一个工序中，歪打正着。当然，这是后话。

对于大约40%的产品来说，油管尾部还必须在装配必要的配件后进行一道冲压，这在以前也是必须跑到冲压车间才能完成的一道工序。这也得想办法解决，那台不太好用的小龙门液压机正好派上了用场。这台机器尽管控制系统比较原始，但较之之前楼上楼下地折腾、导致流程中断，那不要快捷太多。同时，通过合理的动作拆分，整个操作都能稳定在节拍时间内。

另有一款主流产品的一个配件，因为手工无法安装到位，也需要用到冲压设备，到这一步也要中断生产跑到冲压车间才能完成。这次有了机会，肯定要将这个工序的生产合并到装配线里面来。但现场的空间已经无法安置一台尺寸稍大的机器，同时也因为本能地比较讨厌大型冲压设备，所以花了大几百购买了一个增压缸，然后找人焊了一个架子，自己装上两个电磁阀，做成了一个简易的冲压装置，虽然看起来很粗糙，但效果却好得出奇。真正的精益生产改善绝对不是大手笔的投资和大规模的生产线硬件升级。

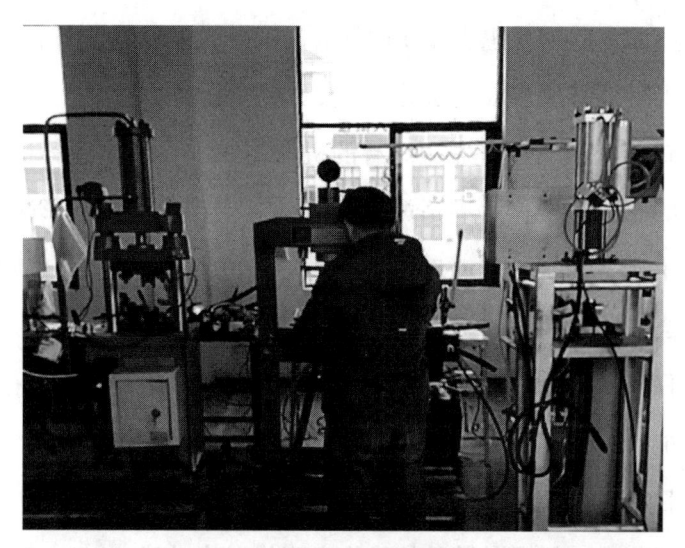

图3-2　现场调试机器时同事拍摄的背影

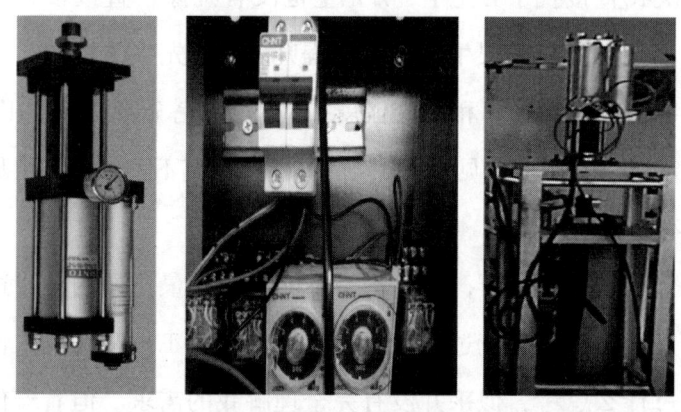

图3-3　自己配置增压缸和控制箱后组装成的机器

制作模具、工装

要将冲压工序完整地转移过来，光有机器还不行，相应的冲压模具也是必不可少的。在这个工序中，共有三副不同的模具来适应不同的产品。起初我想直接使用现有的模具，但反复分析和验证后，还是觉得另开新模具较为稳妥，主要原因是：

- 新购置的液压机器跟原有的机器不一样，如果想移植，模柄的结构还要做一些适配性的改动。改动模具必然影响现有的生产，何况即使改动也并不意味着在新机器上恰好适用。在尝试阶段尽量减小影响是比较稳妥的。
- 仔细观察和分析后，我觉得这三副模具有合并在一起的可能性。
- 目前的模具需要反复冲压四次才能完成本道工序的生产，过于复杂，想通过模具的优化来简化操作过程。

这次我直接找了L先生，L先生也没有犹豫，直接带我去技术部，找了一个看起来很牛的模具工程师。有L先生的加持，工程师大哥答应得相当爽快，稍作交流就拍胸脯："完全明白，不用担心，一定搞定，两个星期后见东西。"搞得自觉一直不怎么招人待见的我当时还有点小激动。

两个星期虽然不短，但也不是不能接受。最主要的是，这事情我自己真弄不来。交流过程中也有疑虑，因为工程师答复太快，好像没经过什么思考，似乎并没有完全理解我的需求。但看着他那信心满满的样子，又怕说得太多反而伤了他的自尊。

可惜，我的担忧很快就变成了现实。随后的日子里他没有任何动作，我去找过他三次，每次都是同样的托词，比如"L先生给的新产品开发方面的任务太多，忙不过来"云云。两周之后，三周之后，四周之后，什么也没有。终于在七星期后，他突然给我拿出来了一套模具，往机台上一摆，却放不到位，因为尺寸大了。我欲哭无泪：

苦等良久，终究还是一场空。

我只能想办法去重新制作模具。L先生又另外指派了一位专业的模具工程师来协助我设计制作。这位工程师尽心尽力，但不知为何，总是无法抓住我的需求，因为我必须考虑模具的通用性、快速切换的便利性等，而他总是从专业的冲压模具来考虑，导致双方总在一些不期而遇的地方碰撞出些许不和谐的火花。同时，制作一副新模具的时间又漫长得令我抓狂，更让我顾虑，万一千辛万苦制作的模具结果不尽如人意，既在成本上是一个巨大的浪费，也会落人笑柄，对后面的工作不利。

基于这些顾虑，后来我就索性自己设计（模具严谨性当然无法跟专业模具师相比，但基本能遵从我的想法），再咨询专业模具工程师的意见（主要是安全性方面的考量），待结构上没有一眼可见的硬伤后，就跑到报废的模具堆里找寻结构和尺寸接近的模板、模架、模块等，后来L先生再找人进行必要的机加工和焊接，就这样最终也倒腾了一副3合1的模具出来，虽然结构简单，外观粗陋，为专业模具人士所笑话，好在安全性和质量方面都没有问题，使用起来也没有操作上的障碍。后来秉承着同样的思路，根据生产的实际需要，陆陆续续还倒腾了其他5套模具出来。

另外一个工装是针对另一个主流产品，生产过程中有一个动作是要将橡胶管套在金属油管上，这个配合相当紧，直接硬装很费力气，哪怕是一个成年男性也难以驾驭自如，何况当前只有四位装配工大姐，要想徒手完成这个操作，是万万不能的。

当前装配工人的标准做法是先将橡胶管放在烤箱里烘烤20~30分钟，待橡胶管变软后再安装。这个过程有个很明显的缺陷，就是必须在橡胶管刚拿出来还很热的时候马上安装，否则橡胶管变冷了又很难装；但橡胶管很热的时候，操作员的手掌又无法忍受刚出炉的高温，不能直接接触橡胶管，只能戴手套，但戴了手套又握不紧橡胶管，害得工人左右为难，不停地轻摸急碰，只为找到一个恰到好处的温度。

另外这样的操作于我而言，还有一个明显的问题，就是流程中断。橡胶管必须放到烤箱中烤20~30分钟，烤箱只有一个，就只能是批量进出。如果坚持这个加热过程还想保持连续生产，可能就得额外投资一个隧道炉之类，这也是我不愿意的：在改善投资上，我一向认为"吝啬"一点更好。

怎么办？还是IE的ECRS，这次经过反复推敲后，我选择了E（消除），也就是取消了这个加热过程，毕竟我们需要的是安装，而不是加热。当然，只是取消也不行，还得有进一步的盖上方案，于是我转而提议了一个气动的安装工具方案，这次技术部的模具师傅们非常给力，用CNC加工了一个工装，装上加紧装置和电动推杆后，就变成了一个完全切合我想法的装配装置。这个装置非常有效，只要把橡胶管和金属管依次放入工装，然后踩动开关，橡胶管就完美地套到了金属管上，这样既解放了劳动力，有稳定的操作周期时间，同时还可以保持单件连续流，非常令人满意。

模具和工装是精益改善表面上最能看到效果的地方，因为开发和改良一些模具和工装，通常能马上让客户觉得方便、效率高，这是很多人（公司）对于精益生产的最直观的理解，也是很多精益从业者最乐于展示的地方。但实际上这是一个很大的误解。

精益生产真正的魔力是整体价值流在一个特定框架或模式中持

续改善以减少浪费。局部改善的需求一定要来自整体价值流改善的需求。精益生产一定包含大量持续的局部改善，但只关注局部改善是不对的。注意力要始终放在整个价值流上。单纯着眼于某个点或局部的改善，不是精益生产。

制作物料架

当生产制造过程具备了基本的生产能力，并被整理成一个流后，就有一件非常重要的事情：制作适宜的物料架，以使现场的物料定置、定位、定量。物料架的主要考量有以下几方面：

- 可靠地摆放物料，并尽可能少占用空间；
- 方便取用和放置，取用和放置物料互不干涉；
- 能在无人干预的状态下按顺序流动；
- 存放数量能与看板有效结合使用；
- 具有方便的看板回收滑道或其他看板回收装置。

当然，在开始阶段，并不苛求达到完美无缺的状态（事实上也不可能），能符合基本的意图即可，有问题的话再立即改善就可以了。

我把原来的几个废弃工作台拆了，将其中的精益管重新加工，组合，拼凑在一起，做了5个必需的物料架。

我设计并制作过非常多的现场物料架。制作物料架要根据物料的特性，主要有这样几个考量面：

- 能确保物料安全放置，如果物料一放就掉，那物料架的意义就没有了；

- 能保护物料，不影响质量要求；
- 能定数定量，换句话说，物料往物料架上一放，就能很自然可视化物料的数量，比如滑槽的长度只能放10个产品，比如空间只能同时放两个物料盒等等，这个可以结合看板来考虑，但需要注意每个产品的BOM配套用量；
- 入料口跟取料口要分开，且互不干扰；
- 方便入料和取料；
- 物料要能自动往取料口方向按顺序移动；
- 考虑到空间的布局和利用，可能的情况下，尽可能让一个物料架承载多个物料；
- 尽可能利用上下的空间，以减少现场的占用面积；
- 配置合适的看板回收通道。

基本的设计完成后，就购置一些通用的精益管（土豪一点的可以用铝合金型材管等），转接配件、流利条等，然后加工到合适的尺寸（通常也就是普通的切管操作，偶尔钻几个定位孔等），最后再组装成各式各样的物料架。在这个过程中，比较好的方式是一人主导，其他的团队成员参与讨论，提供建议，协助制作。一个显而易见的好处就是制作周期会短，另外一个隐性的好处是在设计和制作物料架的过程中，团队成员能更深刻地体会到流动、顺序、定置、定位、定量、可视化的概念和具体应用，也能更进一步拓展空间利用的思维。当然，这次在L先生的工厂，在这些物料架的制作过程中，我还是没有感受到太多的团队协作与参与，虽然后来偶尔也会有几个工人帮忙锯切一下管材，但除此以外其他大部分的事情都还是由我个人独立完成。

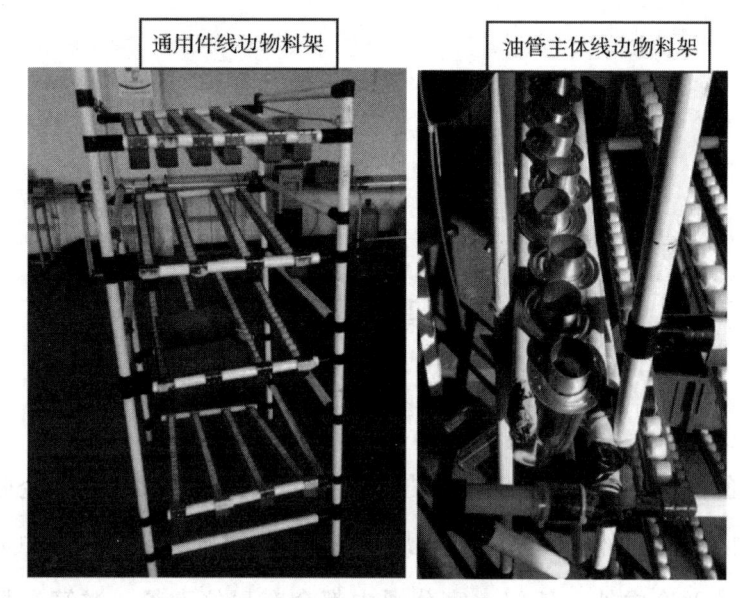

图3-4 自制物料架

市场上有很多专业制作这类物料架的公司，有必要时可以直接向这些公司定制。但我个人建议是尽可能在公司内部制作。可以100%肯定的是，只要坚持做精益生产，这些物料架是一定会不断淘汰、不断改善、不断更新的。如果自身没有制作精益物料架的能力，全权交给外部公司，一是代价高昂，二是时效性差，久而久之，就会失去持续改善的动力。另外，就像前文提到的那样，制作物料架本身也是一个极好的自我学习和理解提升过程，因为在设计和制作物料架的过程中，会渐渐地深刻体会物料的定置定位、空间的合理利用、物料的顺序移动、看板拉动等概念的实际意义和运作方式，这种机会弥足珍贵。

3.2 人事调整

企业以人为本，所有的问题，归根到底都是人的问题。企业要想可持续发展而言，管理人员更应该都是中流砥柱。但现实中远非如此，无论中外，任何一家公司中都会有尸位素餐、滥竽充数的管理人员。任何企业稍成气候后，都会不可避免地出现官本位、嫡系、派别等种情况。

这些不靠谱的人，有些是当初跟随老板一起闯荡江湖、辛苦创业的"老人"，这些老人居功自傲，总是沉迷在追随"大哥"鞍前马后、开疆拓土的昔日荣光中，完全不知今夕何夕；还有些人是老板们的"内亲外戚"，这些人恃宠而骄，独断专行，媚上欺下，干啥啥不行，阴人第一名；还有些人，就是纯粹的职场混混，职责内的事马虎应对，职责外的事不闻不问，每天最闲的是他，甩锅最多的是他，天天装人间清醒，做事后诸葛亮。

德鲁克说："人们聘用管理者，就是希望他的工作卓有成效。管理者必须在他的组织里开展有效的工作，否则就对不起聘用他的组织。"有效的管理者自我提高，是组织发展的关键所在，也是组织迈向成功的必经之路，但很多时候，事实恰恰相反。在一个略具规模的组织中，管理层常常是更乐于坐享其成。久而久之，整个团队观望和懈怠的氛围与日俱增。

我见过很多家公司的管理层，几乎所有的管理层都说变革的最大阻力来自基层员工，而事实的真相却是：最大的阻力来自管理层本身。推行精益生产的时候也是如此。表面上，这是因为知识和能力有局限，导致认知偏差，对新兴的变革产生抗拒和抵触心理。所以很多变革的推行者说，我们可以通过有效的沟通、细致的培训来消除这种偏差，获得所有人员的合力。这话在台面上说说是没有问题的，但如果真信了，是会误入歧途的。

真正的事实是：所有的阻力都源于对自身利益的保护。"老人"也好，亲戚也罢，都是现有利益格局的受益者。既得利益者一般都具有高度的排他性，并且当自身利益受损，哪怕只是有受损的可能，甚至局势不明朗时，都会"明智"地选择维持现状，抵制改变。同时，遇到外部压力，既得利益者还会表现出明显的"抱团"倾向，一方面是为了借助其他既得利益者的力量，减少自身损失；另一方面则是试图在自身利益受损的情况下，继续维持一种有利于自己的平衡，即"我不好过，大家也不能好过"，死道友不死贫道。权力（或其他任何需要被公平分配的东西）分配中已经先得到好处的人，只会牢牢握着自己拥有的权力不放，并不考虑公司的明天或未来，"反正好处我已经吃到嘴里了"。

理解这一点非常重要。这样一来，在初始阶段就不会将太多的注意力和时间放在培训之类的事情上，因为这对获取统一的意愿和团队支持并没有太多帮助。必要的讲课和沟通还是要有的，但指望大部分人能通过培训和沟通就"洗心革面"是极不现实的。

改良派如果要获取元老派的支持，根源上在于如何保证并提升元老派的既得利益。而如何保证既得利益者的利益，从精益实践本身来说，是无法给出标准答案的。连续流和拉动生产，能有效提升整个价值流的绩效，但并不能具体知道我们如何进行的利益分配。

具体到我的案例中，虽然我一直跟L先生说，我们要让员工确信不会因为改善而丢掉工作，但那些管理人员的利益如何保证，我实在给不出任何建议。

对于既得利益者来说，明面上的利益固然重要，但很多时候，暗地里的利益才更让人恋恋不舍。而精益生产在很多时候都要将流程简单化、可视化，将决策和选择权交给基层工人。当一切都暴露在阳光下，还有什么暗箱操作可言呢？同时，当精益生产将一切碎片化的工作标准化到流程和操作中去时，很多人引以为傲的所谓"技术"或"绝活"都将被脱去神秘的外衣，显得朴实无华，那么这些传说中的"高手""大师"们就无处遁形了。

基于以上这些原因，很多时候，无论给出什么样的方案，只要"老人"和"亲戚"们还存在，他们就会抵触，就会抗拒，就会"非暴力不合作"。而要落实精益生产，这是必须迈过去的坎！

面对这样的问题，我一贯的选择就是"打明牌"。不去了解那些背后的利益纠葛、姻亲血缘、恩怨情仇，只就事论事，能按要求来干就干，不能按要求来就走人，能干一天就是一天的好同志，能一直按要求干就是始终紧握精益生产大旗的战友。我不知道一个公司在推行精益生产的过程中有多少比例的"老人"要离开自己的舞台（有资料说是15%），但知道一定会有人因此离开。"与人为恶"似乎是精益生产开始阶段的必然注脚，虽然在很多时候都是迫不得已。

在推行精益实践的路上，你注定无法成为一个传统意义上的好人。

很多时候，要推行一件新的事物，大家都说，先培训，提高全员的理解和认知，等到大家的理解和认知上去了，再因势引导，水到渠成，就将大事情给办了。这话给外行说说是没有问题的，现实中却完全行不通。人不是因为知道而改变，而是因为感受而改变。而且在现实中，任何事情都会有在规定时间期限内（通常都并不长）变现的压力，没有人有耐心来等你慢慢成长。现实中比较可行的方式一定是先建立一个模板，然后再用各种手段把人往模板里摁，逐步地以点带面，以实际效果来说服那些旁观者和心怀异议者。

在前期经历了各种表面迎合背后非议，或出工不出力的"伪合作"后，L先生与我又进入了数次深度商讨，最后达成下面的共识：

- 只能依靠他和我，其他人一个都指望不上（再次说明精益生产不能委责于人）；
- 按我的计划来，他来亲自配合协调人、物资、生产安排、场地布局等；
- 模具、工装改善需要比较复杂的机械加工时，L先生亲自动手（毕竟早年也是模具工出身）；
- 其他现场改善我自己动手（找其他人也确实没有）；
- 1000元以下的零星采购我自行决定，找他报销就完事。

而至于在前期有过各种不太愉快交集的人们，最终也都以不太愉快的方式离开了工厂。

- H厂长，在为这个工厂奋斗十二年后，选择了拂袖而去；
- 模具大哥，在因为模具无法使用而遭受一番批评后，选择了冲冠一怒，愤然离去；

- PMC主管L女士，以身体抱恙为由，悄然作别；
- 原来线上的两个熟练工人，因一直抵制新的工作方式，被调整到其他车间；

……

对于他们的离去，我并不感到惋惜，但多少也有些失落。在这之前和之后，我还经历过其他一些工厂，每次都会经历同样的事情。我自认从来都没有带一点私心，但很多时候都感觉自己像一个恶人。他们的离开从未让我感到一丝一毫的开心。虽然我对自己的目标意志坚定，但并不是一个铁石心肠的人，很多事情完全不必至此！

3.3 第一次试运行

前面弄出这么些事情，在这个原本不大的工厂里，动静已经算是很大了。这就引来更多人在旁边拭目以待，有些人确实想看到新变化，自然也有些人纯粹是想看笑话。我是有信心不让笑话发生的。

还是当初跟L先生说过的那句话，要推行精益生产，必须按我的方式来，有人搭把手自然好，如果没有，那就自己来。当然，只是这样说也没用，你得真有信心和底气这样干。信心和底气就来源于你对精益生产的理解和付诸实践的能力，还有实权人物对你说一不二的信任和支持。没有这两点，千万不要信口开河，否则你会死得很难看。

获取老板绝对的支持，其实是一件可遇不可求的事情。话术和技巧在有些时候会起一些作用，但无法自始至终都保持有效。从根本上来说，获取甲方老板对你个人以及精益生产的认可，一定要有相当的机缘。这个机缘首先就在于甲方老板在精益生产上的自我修为，修为未到，就不可能与你的行动同频共振。而作为乙方的你，一定要有能力保证在约定的时间期限内产生看得见摸得着的效果。

虽然精益实践和所有的改善一样，是一个不断试错的过程，无法要求每一步都要有正效应，但在有限的时间内，一定要创造出尽可能多的实际的正面效果。

作为个人来讲，无论是来自组织内部的英雄豪杰，还是外来的和尚，只要被组织赋予了"领导精益生产"这个职责，就一定要拥有舍我其谁的底气、"虽万千人吾往矣"的气魄。这无外乎要有如下两点加持。

第一，真正理解精益生产的原则、理念、模式以及核心技术。

你不需要对大野耐一的生平、丰田的发家史如数家珍，但需要对精益生产的内核了然于胸。这样你就能保证自己始终在正确的航道上，毕竟，方向不对，努力白费。

第二，融会贯通，付诸实践的能力。

光学不做等于没学，光知道不做等于不知道。如果仅仅只是通过读书和培训了解过那些所谓的原则和模式，而很少上手实践，那么这些理论永远都是理论，你既无法让自己全心相信，也让旁人感觉这些时髦的概念和技术事实上百无一用。

"实践是检验真理的唯一标准"，这句话放在精益实践中也是恰如其分。

制定标准作业

正常的做法是现场观察，动作拆分，时间观察，然后做时间平衡。但在这里，这样的标准套路也不是那么顺利。因为现成的工艺既不统一，也不规范，操作工人在生产现场自由发挥，所以没有太

作业流程：			日期：2020.7.30	标准作业组合表	节拍时间：	人工 ———
零部件编号/名称：			团队：		需求量/天：400	自动 - - - - 走动 ∽

#	工作步骤	时间项目			作业时间（秒）							
		人工	自动	走动	10	20	30	40	50	60	70	80
1	取橡胶管组件	3										
2	拉小管到位	4										
3	将橡胶管放在工作台上	2										
4	取抱箍	1										
5	套抱箍到小橡胶管上	1										
6	转身取金属油管	5										
7	蘸油	3										
8	套小橡胶管	6										
9	检查油管嘴方向	2										
10	夹抱箍	13										
11	拉小橡胶管到合适位置	4										
12	放产品到工作台上	2										
13	步行回工作台前端			3								

图3-5 标准作业示例

多的参考意义。

所以，我选择自己先来做工艺分析，这没有什么难度，对于一个真正精益实践的人来说，这也是必须修炼的基本功。同时因为自己本身就是机制工艺科班出身，又从事过相当一段时间的新产品制程开发工作，所以当时虽然产品和制程并不熟悉，但花了一点时间之后，也是逐步了解得七七八八了。实际做法也不神奇，就是认真观察，虚心请教，积极思考，也就是根据图纸和样品进行分析揣摩，跟技术部的同事进行反复沟通，到现场反复观察并与操作人员交流沟通，然后自己进行一些实际的演练，觉得大体行得通后，最后就制作成相关的工艺路线和操作文件。

当相关的工艺和操作要求已经明确后，接下来就是反复进行现场观察，将相关的动作分解，并进行时间观察，慢慢地确定了每个动作对应的操作周期时间，再结合前面确定下来的节拍时间，就形成了初次的标准作业。

制定标准作业的步骤

1. 准备好秒表，时间记录表，铅笔，手机。
2. 进入现场，确定观察位置，确定观察对象。
3. 观察操作。
4. 绘制操作区域的布局图。
5. 根据操作的顺序绘制操作员的工作顺序图。
6. 测量整个操作的周期时间。
7. 将操作分解成工作要素，并记录在时间记录表上。
8. 测量每个工作要素的周期时间。
9. 确保工作要素时间的总和等于整个操作的周期时间。
10. 测量快动作的时间。
11. 测量周期性动作的时间。
12. 创建标准工作文件。

时间观察的步骤

1.准备工具。包括秒表、时间记录表、铅笔、手机等工具。

2.选定观测对象。如果是针对人,则确定特定的人物。如果是关于操作,则选择普通的能胜任工作的人。

3.选定观测位置。安全,不影响生产的正常进行,也不引起观测对象的注意。

4.评估操作是否标准化。只有标准化的动作的时间测量才有意义。

5.将操作分解成工作要素。工作要素是时间观测所研究的最小对象单位,每次完成的最小动作组合,完成前不可以转交给他人,可以在不同的工位间进行调整。

6.连续测时法,观测并测量整个操作的周期时间,10~15次。

7.归零测时法,观测并测量每个工作要素的周期时间,10~15次。

8.剔除异常和不正常的数据。

9.讨论,分析,反复观察和测量,直到整个团队都认可。

未成功的单件流试运行

辛辛苦苦忙活了一段时间，装配流水线的雏形终于显现出来。一天，有一款产品刚好有足够生产大半天的量，我决定来一次简单的试运行。做运行前介绍时，四个工人，还有我的"团队"都表示完全没有问题，一定好好地尝试一下单件流。

但刚一开始运行，我的"团队"就消失了，要么是突然想起还有其他更重要的事情要忙，要么是突然接到一个紧急电话，不得不临时离开（直到生产结束也没有回来）。很快，就独留我孤单面对四个面色不善的工人。

移印工序的操作工人非要一堆产品一堆产品地印刷不可。三次提醒未果后，我火冒三丈，直接把机器关了，叫她从线上离开。

她并没有走，而是争辩起来："什么都不懂，瞎比画什么？""凭什么来管我？""一直都这样干的，为什么今天要听你的？"诸如此类，倒也没有什么低俗的语言，但言辞之间轻视侮辱之意极为明显。我当然不至于和人对骂，转身叫来了H厂长，也就临时消失的"团队成员"之一，让他火速把人带走。

这次，H厂长来得很及时，把工人带到车间外教训了几句。然后他回过身来找到我，说了一大番话，大意是："大姐今天确实有点冲动了，无论如何都不应该公然抵触。但是，她们都认为今日的生产方式欠妥，所以现在能不能按照她们熟悉的方式进行？如果要改善，下次考虑周全后再说。"这话表面上看滴水不漏，但言下之意是要我今天到此为止，以后的事情以后再说，至于生产方式，那还是外甥打灯笼——照旧。

第3章　第一次单件流试运行

我的面相或许是憨厚谦和一些，但一旦进入战场，斗争精神是只多不少的。现在气氛都顶到这了，怎么可能接受这样的和稀泥，于是直接说："我不想在我的线上再看到这个人，要么你搞定，要么我叫L先生搞定。"当时我们双方的脸色都不好看。最终，L先生斡旋之后，将这个工人调剂到了一楼的机加工车间。

类似的事情还有不少，讲这些，并不是觉得自己受了多大的委屈，也不是想彰显自己有多么"能打"，而主要是想说明：

- 精益生产实践，就是从各种细小的事情落实改善；
- 毁掉你的工作的，通常都是一些不起眼的小事；
- 开始阶段，理解你的人很少，支持你的人就更少；
- 不要迷恋团队，一定要有孤军奋战的勇气；
- 开始阶段，各种问题层出不穷，很少会顺风顺水；
- 要推行精益生产，必须具备坚定的信念，否则真的会崩盘；
- 要有独自操盘的能力，具备相当的专业知识，不能只是精益理论、技术的搬砖人；
- 开始阶段，不能有太多的协商和妥协，而要"独断专行"，做一个"精益野蛮人"。

第一次试运行

准备就绪后，是骡子是马，就需要拉出来遛一遛了。这个时候，还没有考虑到物料周转频率、看板数量等，那些都还太遥远，就是想单纯验证一下新的流水线在工艺上按节拍生产的可能性，看是否能按规定的操作正常生产出合乎质量要求的产品，而至于动作的拆分是否合理，各岗位之间如何达到最佳的平衡性都是接下来要在生产中改善的问题，而至于如何拉动物料和前道工序，那更不是短期需要考虑的事情。

第一次试生产人员由L先生、新的生产主管、一名熟练工人以及我自己组成。这一次试生产持续了3个小时，生产过程中遇到很多问题，因为除了那名工人，我们几个人对于产品的组装都比较陌生，又都是第一次按照刚刚制作成的标准作业操作（首次培训也是刚刚在试生产之前30分钟才完成），有很多的不适应，尽管如此，结果很惊艳，3个小时的最终产出已经不输于熟练工人的生产了。以前因为那几道冲压工序，必须在一楼和三楼之间不停地折返跑，而现在就在短短五米内全部解决，光看到这件事情就足够让人激动了。

更大的震撼是，一种全新的生产模式，就在自己的手上、自己的眼前发生了。所有人都是第一次看到，只有不到五分钟的前置期，成品就开始生产出来了，而以前的前置期都是以天计算。这也是L先生第一次看到产品如何在60秒的节拍时间内连续地变成包装好的成品。虽然只有短短的几道工序，但是产品形成了流动，零部件不断地进来，成品持续地出去，整个现场非常干净而有条理。

这次试生产对L先生的触动非常大，这是他第一次直观地感受到流动的力量。他以前没有亲身经历过真正的单件连续流，这次却真实地体验到这种生产模式及其结果。以前只是听说过的现状截然不同的新场景，就在他的眼前，似乎难以置信但又自然而然地发生了，这种冲击远远胜过纸上谈兵。自此之后，他对我和我所主导的精益生产更加深信不疑。

在试生产时还发生了一个小插曲，有一个部件的一个槽的位置需要在装配时确定其相对位置和朝向，以前四位熟练工人在装配时好像从来没在这方面遇到过问题，所以我编写操作指导书时也忽略了这一点。但这次因为上线的都是新人，结果一开工就卡了壳。更诡异的是，我们把那四位熟练工人找过来一一咨询请教，每个人的答案都不一样，这个发现当时就把L先生震惊了。这个问题虽然最终在技术部门的确认下得到了解决，但也让L先生真切感受到操作标准和生产规范的重要性。试生产结束后，他再一次对我说："我以前以为这些老员工都非常透彻地掌握了相关的技术要求，文件只是对外展示的，没想到是这样。文件资料太重要了，从现在起一定要把所有的要求都体现在生产作业文件中。"

人不会因为知道而改变，但很有可能因为感受而改变。所以推行精益生产，要想带动别人，起作用的不是在会议室里侃侃而谈，而是在现场一起落实一些具体的改善。虽然这只是非常微不足道的一小步，但却是我们在这里真正步上精益的正确之路的第一步。过去的三个月虽然充满辛苦、委屈，甚至不时有些愤怒，但在这一刻似乎也看到了苦尽甘来的希望。

💡 提示

- 精益生产实践最重要的不是进行多少培训或召开多少次研讨会，而是要在现场尽可能快地建立带有精益生产特征的生产线或作业场所。

- 构建具备精益生产特征的生产线跟构建传统的生产线本质上没什么不同，都是将人机料法环（4M1E）这些基本要素安排妥当。
- 不要幻想完美的精益生产方案，精益最重要的是实践，然后从实践中改善。

第4章
步入正轨
CHAPTER 4

4.1
持续试运行

一个人的行动

从决定行动计划到建立这条装配流水线雏形，毫不夸张地说，我从产品、工艺、设备，到场地布局（现场的位置胶带都是我贴的），到周转工具，几乎承担了所有。在很多要推行精益生产的公司中，精益人的角色其实非常尴尬，无论你是戴着"精益总监"的头衔还是挂着"精益经理"的名号，基本上都属于"无权、无人、无钱"的三无人员；如果你只是一个挂在生产部门下面"精益工程师"，处境只有更惨。在很多公司，很多时候精益人员的地位还不如公司里的品质人员；品质部人员好歹还可以拿质量标准来说事，再不济事还可以在验货拒收这一环节刷一波存在感；而精益人员很多时候就是个纯粹的"说客"，能否做点事情全看别人是否配合。

推行精益生产的起始阶段，相关人员最常见的一句话就是："没有问题，等我忙完手头的工作，就来处理精益生产的事情。"这是一种典型的推脱话术，更是一种真实的置身事外的心态。在大部分人的认知里，精益生产只是本职工作之外不得不做的另一项事情。这就大错特错了。事实上，推行精益生产的时候，对于处于生产制造链上的绝大部分人来说，精益生产就是工作，工作就是做精益生产。

就L先生的工厂来说，这是一家刚刚脱离家庭作坊模式的小工厂，所以要想在各方面的人和事都提前准备得妥妥帖帖，然后等你来画饼画圈，那是不可能的。而且我来到这个工厂的时候，正是新冠疫情肆虐的时候，每一个企业主都惶惶不可终日，捂紧口袋，精打细算，量入为出，各个工厂只见人出，不见人进。这个时候去建议L先生为精益生产这件"八字没有一撇"的事情招兵买马，还真开不了口。

起初我少不了纠结和痛苦。术业有专攻，对于设备、模具我只是略通皮毛，犯过幼稚的错误；对于这种管类产品的质量特性、客户要求、工艺规则，之前也鲜有接触，所知甚少。要为这些事担责定调时，心中多少有些忐忑和惶恐，但表面看起来还是必须果决。

但任何事情，只要目标明确，意志坚定，最终都能实现。跌倒了，爬起来就行，犯错了，及时纠正即可。世上万事，无非如此。路虽远，行则将至；事虽难，做则必成。能成事的人并不是不会犯错的人，而是一直不放弃的人。

脆弱的精益生产模式

工厂选择精益生产是因为精益生产带来的好处，这是理所当然的。但很多时候，大部分人不知道（或者有意回避）的真相是——

精益生产模式非常脆弱！

相比于传统的批量生产模式，精益生产模式要脆弱得多。生产体系中的异常带来的负面影响，在精益生产模式中要放大很多倍。

这其实很好理解。假设以前是10个工人独立批量作业，如果一个工人的操作出现了问题，被迫停工，那只是这一个工人的事情，其他9个工人可以继续工作，产出还是90%。如果老板正好来到工厂现场，这个场面并不难看，毕竟大部分人还在努力工作。

而如果将这10个工人整合到一条单件连续流生产上，同样有一个工人的操作出现了问题，迫不得已要停工，那么其他9个人也没有其他选择，只能被动地跟着偃旗息鼓，产出瞬间下降为0。假如这时老板出现在工作现场，看到整个现场10个活生生的人都在大眼瞪小眼，无所事事，会发生什么想想都替你难过。

精益生产如此脆弱，所以在日常的生产中，对于生产体系中的很多细节，精益生产模式需要付出极大的专注力来维持和改善。但遗憾的是，大部分公司并没有意识到这一点。为什么很多推行精益生产的公司在咨询公司亭了拂衣去、转身离场后，生产绩效便一泻千里，精益生产模式难以为继？就是因为工厂自己的管理团队还没有学会如何在日常管理中倾尽全力来维护这个体系。

而现在，在L先生的工厂，历经风雨，竭尽全力，总算拼搭了一条简陋的生产流水线，并取得了开门红，周围的人都略带兴奋地问什么时候可以正式投入使用，完全代替目前的装配作业。我虽然也喜悦，但心中其实很忐忑。

因为我知道，这个时候才是成败攸关的时刻！

成型的精益生产模式本身就很脆弱，何况我这仓促之间搭起的

"草台班子"。无论我怎样周全策划，新的工作方式开始时一定会有非常多的问题，我需要做大量而繁琐的工作才能将这个局面维持住。而一时不察或一着不慎，就有可能满盘皆输，所谓"辛辛苦苦三十年，一夜回到解放前"，毕竟这里的群众基础和舆论环境对精益生产这样的新事物并不友好。

维持现状不容易，有效改善就更难。很多人都说自己擅长改善，似乎随手就能点石成金。但实际的经历告诉我，现实中的改善，每前进一小步都很艰难，有时你要踩好几个坑，才能做出一点小小的成果。

持续试运行

我深知精益生产模式有多脆弱，所以站在这条品质和卖相都远未成熟的生产线前，展望即将发生的未来，内心诚惶诚恐，忐忑不安。当然，退缩是不可能的，接下来就是如何变得更好。有了这条原始版流水线，自然还有很多的事情要做。

熟能生巧是个永恒不变的真理，无它，唯手熟耳！工业生产中，所有的技巧都是通过大量持续的训练得到的。生产线也是如此，它的训练方式就是试运行，大量的试运行，直到能应对正式生产。

既然是试运行，就要尽可能避免对正式生产的影响，尤其是负面的，所以要尽可能让试生产与目前的常规化生产在时间和空间上隔离开来。在L先生的工厂，因为空间充裕，我可以建立一条物理上跟目前生产线完全隔离的生产线。如果无法在物理上完全隔离，则需要更加谨慎行事,比如由局部调整开始,辅以周全的策划和论证,齐全的产前准备,全副身心的管理关注等。总而言之,在新世界的秩序建立之前,尽可能避免对现有世界的冲击。精益生产讲究的是改善,而不是革命。

这次,空间的便利给了我极大的自由度,可以更从容地调整和完善这条生产线。对于试生产,我大致的思路是这样的:把批量很小的订单,比如订单量50个以下的,通过计划协调到新的生产线上,然后我会逐步完成从备料到生产的所有工作,在这个过程中发现需要解决的问题。由别人来完成生产,精益人员通过现场观察来寻找改善的机会,这么做当然也是完全可以的。但通过自己的亲身感受来了解实际情况,要真实和直接得多。

在时间允许的情况下,也会邀请L先生来现场一起参加试生产。要体会精益生产,起关键作用的不是"言传",而是"身教","实践出真知"是亘古不变的道理。如果生产不是很忙,也会让那4个正牌的装配工来流水线上感受一下,听一下它们的反馈和意见。

就这样,在正式投入使用前,生产线断断续续地试运行了7次,每次运行后都会带来一大堆需要解决的问题。尝试并不丢人,精益生产本身就是试验的学科。重要的是要在尝试的过程中不停发现问题,然后不停改善。试运行过程中,我在现场放有一块白板,随时记录出现的问题,及时解决,并且每天整理到问题追踪列表中(图4-1)。一个有用的经验是,现场记录使用白板,比使用笔记本或电脑方便、有效多了。

编号	异常报告编号	日期	月份	周	异常类别	客户	供应商	产品号码	产品名称	生产日期	批量	不良数量	异常描述	缺陷类型	发生地点	责任部门
1	NCR210001	2021-1-20	1	4	制程异常			1.4.001.BXXX.0001	加油管	2021-1-20		54	压筋位置在法兰焊接位置，压筋后法兰松脱，外观难看	03 功能	02 装配&包装	01 技术部门
2	NCR210002	2021-1-20	1	4	制程异常			1.4.001.BXXX.0001	加油管	2021-1-20		54	目前工艺压接线端子+焊接线端子+补漆+压筋+组装 焊接导致流程中断，无法在流水线上运作	15 效率&成本	02 装配&包装	01 技术部门
3	NCR210003	2021-1-21	1	4	设计质量			1.4.001.BXXX.0005	加油管	2021-1-21		54	支架装铆接孔，孔径φ5mm，φ6mm，更改铆接孔径	15 效率&成本	02 装配&包装	01 技术部门
4	NCR210004	2021-1-23	1	4	制程异常			1.4.001.BXXX.0006	加油管	2021-1-23		40	铆接工序，油管不固定，支架跳动，敲铆很费劲，瘪手。表面有明显敲击痕	08 外观	02 装配&包装	07 生产-装配&包装
5	NCR210005	2021-1-23	1	4	制程异常			1.4.001.BXXX.0001	加油管	2021-1-23		54	装皮碗，产品不固定，装配费劲	15 效率&成本	02 装配&包装	07 生产-装配&包装
6	NCR210006	2021-1-23	1	4	制程异常			1.4.001.BXXX.0001	加油管	2021-1-23		54	尾部压紧，模具粗糙，产品表面不光滑	08 外观	02 装配&包装	07 生产-装配&包装
7	NCR210007	2021-1-23	1	4	制程异常			1.4.001.BXXX.0001	加油管	2021-1-23		72	弹簧取用很费时	03 功能	02 装配&包装	14 制造工程
8	NCR210009	2021-1-25	1	5	制程异常			1.4.001.BXXX-0005	加油管	2021-1-25		90	漏斗打点，机器不能控制行程，容易压爆	15 效率&成本	02 装配&包装	14 制造工程
10	NCR210011	2021-1-27	1	5	制程异常			1.4.001.BXXX-0005	加油管	2021-1-27			漏斗打点，机器点动，费时费力	15 效率&成本	02 装配&包装	14 制造工程
11	NCR210012	2021-1-28	1	5	来料质量			1.4.001.BXXX-0003	加油管	2021-1-28		204	油管主体和喷嘴质量差，表面发黑	08 外观	02 装配&包装	02 质量工程
12	NCR210013	2021-1-29	1	5	精益生产			1.4.001.BXXX-0003	加油管	2021-1-29			印字，管体斜放，堵住喷头，严重影响墨盒寿命	15 效率&成本	02 装配&包装	14 制造工程

图 4-1 问题追踪列表

4.2
稳定生产

生产，首先就是要稳定。不稳定，是所有改善不能成功开展或无法维持的主要原因。简单点说，不怕慢，先别乱。达到并维持稳定生产并不是目的，因为稳定的流程可能非常低效率，含有大量浪费；但稳定的生产是持续改善的基础。

生产线是否稳定，就体现在生产线能否按固定的方式持续地提供符合要求的产品。很多时候，工厂认为生产稳定就是指设备的稳定，这是理解上的偏差。这里的稳定性，指的是整个流程的稳定，也就是5M1E（人机料法环测）统一的稳定性，而不仅只是设备。比如，你的设备非常高级，稳定而精确，但来的物料总是有问题，或者操作人员不停地更换，那么产出的结果仍然不能稳定地符合要求。

安全

要让生产稳定，首先要保障的是安全。没有安全，根本谈不上生产。

首先要考虑的是基本的电、气安全。电、气管路最好都从顶上走，再根据工作台的位置在顶上预留合适的电、气接口。不建议从地板上走管道，因为管路在地板上，受到的制约和影响通常更多。如果实在要从地上走，则需要开槽，否则裸露在地面上的管道对于正常工作中的行走和移动就是一个很大的安全隐患。同时，被碾压的次数多了，管路破损的几率也要大大增加。

具体到这条生产线的电气管路，我从外部请了专业电工花了两天的时间重新全部搭建，我自己只是进行了一些必要的安全检查和功能检查。

然后就是操作安全。这条装配线最大的安全隐患来自三台压机。机台的稳定性是肯定要考虑的，两台能直接落地的都特意用落地膨胀螺丝固定，另外一台小型液压机需要增高工作台，就从公司的废品库里淘了一张笨重的金属工作台出来，虽然不漂亮，但胜在厚重。产品在机器上的取放方式也要做一些文章，尽最大可能防止员工的肢体部分进入机器的工作范围。然后是机器的行程控制，硬限位和软限位都做，防止机器过载导致意外发生。最后还要在机器的非工作面设置防护栅栏，防止意外进入和接触。

这些工作要尽可能地请一些专业人士来评估并协助完成，专业人做专业事，不要贪便宜图省事而留下安全方面的隐患。在安全方面，小心谨慎一点并不过分。

质量

当正常生产已经不那么"危险"后，接下来就要考虑如何保证产品的质量。如果一条生产线有很大概率生产出不良品，就没有办法说这是一条稳定的生产线。质量问题不仅导致直接的成本损失，还有一个危害：必然导致正常的生产意外中断。做精益生产的人一定会有强烈的质量意识，BUILT IN QUALITY（内建质量）是一个基本理念，而不只是到处吹嘘的说辞。

质量是精益生产哲学的基本组成部分。较之传统生产，精益生产意味着库存水平急剧下降，那么各工序缺料的风险就会激增，对于不良物料的容错率也就快速下降，于是，各工序为保证质量所做的努力也要成倍增加。质量于精益生产而言，不是加分项，而是底层逻辑上的一个必须项。

追求质量稳定，其实就是确保生产工艺和生产流程具备基本的能力与合理性，换句话说，就是要保证，按照目前设定的工艺条件，生产人员能顺顺当当地做出一个合格的产品。如果连合格的产品都做不出来，生产流程就缺乏基本的能力，谈不上正常，更说不上稳定。流程不稳定，就快不起来。所以在追求流程顺畅快捷之前，先要保证所有作业步骤都必须有能力满足要求。而如何保证过程能力，也没有那么玄乎，无非就是要让5M1E符合设定的要求而已。

考虑质量保证时，最重要的观念是质量预防，需要充分应用到QFD，FMEA，CONTROL PLAN，流程方法等方面的知识，这可能还需要质量工程师和其他专业人员的协助。就我个人的经验而言，要透彻地了解一个产品的质量要求，跟相关的产品设计人员交流是必需的。通常情况下，没有其他人会比设计人员更能了解一个产品的特性和技术要求。至于我个人，在接触精益生产之前，已经在质量管理方面摸爬滚打多年，方法论上没有明显的短板，但在行业经验、产品知识方面还是不可能面面俱到。付诸实践时，跟L先生以及技术部和生产部的各位同事反复讨论过很多质量方面的事情，技术部的王经理对我帮助良多，帮我澄清和解释了很多产品技术和质量上的要点。

要做好充分的质量预防工作，首先要了解产品及相关的产品要求，方法有阅读技术资料、研习样品、拆解工艺等，反正多看、多问、多想、多上手就对了，然后再系统地整理成相关的质量要求。之后是工艺分析和研究，尽可能把每一个步骤和工艺要点都考虑到。更重要的一点是要自己深度参与实际的生产，从样品制作、小批量、试生产，能上的都不要落下，深度进入生产现场，培养对产品质量和工艺的切身感受。

同时，需要结合精益生产JIDOKA的概念，任何一条生产线都要具备自动检验、自动报错、自动停线的功能。在目前组建的这样一条手工装配流水线上，要想具备以上功能，只能要求每个操作员工具备必要的能力和意识。能力培养并不是一个很大的问题，但意识的转变却很不容易，因为生产人员承受每日产能任务的压力，几乎所有的生产人员和生产管理人员都会视停线为洪水猛兽，不到实在无路可走，停线是绝对不可以想象的事情。我现在要求有问题就主动停线，无疑是触碰所有人的逆鳞，遇到强烈的抵触和不满也是情理之中。有一天，我在线上看到一个工人在线上自行拿油漆笔修补划痕，要求他停线按灯，他就很生气地说："每天就知道停线、停线，这么一点小问题自己解决不就好了吗！"当时，也有人在背后议论，说我"不懂生产，所以采用计时工作制，如果是用某某公司的计件工作制，想这样停线绝无可能"。

我理解他们的这些观点，但是只要落实精益生产，这件事其实没有折中处理的可能。无论是来自生产现场的激烈言辞，还是背后的流言蜚语，都不能动摇我"出问题就停线"的信念。在这里，必须再次感谢L先生的鼎力支持。其实当时我并不确定他是否真正理解这样做的意义，但无论其他人如何反对这件事情，他都旗帜鲜明地支持了我。有了L先生的支持，这个看来"冒天下之大不韪"的行为最终也得以推行下去了。我并不确信工人们是否心悦诚服转变了观念和想法，但起码在实际生产时，我们已经能按要求及时停线报警了。

还要再强调的是，在质量方面，和安全生产一样，谨慎一点总是应该的。谈到谨慎，一个有用的建议是，精益改善的开始阶段，如果没有十足的把握现行的一些检验工作最好不要取消或简化。

创造流动，消除障碍

在精益生产模式中，流动是永恒的旋律。对流动的底层逻辑感兴趣的读者，可以阅读《工厂物理学》一书，在此不赘述。流动是精益生产模式与传统生产模式在表现层面最大的区别。创建精益生产线，就是要创造流动。

首先，要创建流动的物理空间，让产品和物料按工艺顺序逐步流动，不要有空间上的隔断和阻挡。这条流水线从一开始就是按照流动的观念构建的，所以在设计每个工序时都考虑了流动的顺畅是一条简单明了的"1"字形流水作业生产线。

图4-2 刚刚搭建好的装配流水线

然后，消除那些目前必须多人协作才能完成的动作。由于之前没有人来考虑制造工程的事情，装配作业完全由工人自由发挥，想一步算一步，很多工序的作业方式都相当粗犷、简单、原始，出现了许多需要两个人协作才能完成的工作。

- 丝网印刷。有些产品需要应客户要求印上对应的LOGO、产品编号和生产日期，而当时的生产线上没有固定的丝印工作台，就由一个工人拿着丝印网版套在油管上进行丝印作业；加油管通常是圆形的，无法在工作台上自然定位，这就需要另一个工人手握油管来定位，使丝印工人可以印刷。

- 铆压。很多加油管上都需要装上一根金属线来释放静电，这根金属线通常是由铆钉来固定。当时的铆压工序就是工人用一个金属榔头来反复敲打铆钉来实现固定。敲击铆钉时，也没有什么辅助工装来固定加油管，所以自然又需要另一个员工来手握加油管协助作业。

- 包装。大部分产品都按客户要求，6个产品装在一个外箱中。外箱需要用自动打包机捆扎。一箱6个产品颇有一些分量，一个人要移动整箱产品，非常吃力。所以，也必须两人协作才能完成。

类似这样的操作还有一些，理由和原因各不相同，但结果一致——需要两个人一起动手才能完成。

传统意义上，工作上讲究团队协作、相互配合，但在一条精益生产的生产线上，则要尽可能追求每个岗位独立作业，不同岗位之间要有清晰的边界。主要原因有两个。其一，精益生产是节拍时间驱动的生产，同时还要追求每一个节拍时间内人力资源的最优化，在一个短短的节拍时间内，要求两个操作员高度协同、无缝配合，难度是非常大的。其二，在精益生产中，动作拆分和再平衡是非常正常的操作，但如果存在大量需要双人协同的工作，则拆分与调整会非常困难。所以，如果生产线上有一些动作必须双人合作才能完成，首先要尽可能想办法优化掉。

前面提到的这些非典型的双人作业，最终我绞尽脑汁，并在L先生的协助下，逐一实现了单人作业。

- 丝印作业。采购了一台小巧的桌上型静态喷码打印机，是在网上淘的，价格3000元，再配上一个简易的可调定位工装，就比较完美地实现了单人操作，还省去了制作丝印网版和调油漆的麻烦。这样调整的另外一个好处是将以前丝印阶段的批量操作（因为丝印的油墨会很快挥发干掉，所以一旦调制好，就要尽快用完）变成了单件连续流。

- 铆压。最初的想法是使用自动铆压机来解决这个问题，但尝试之后发现行不通：产品型号太多，形状各异，铆压位置也不一样，如果用铆压机，需定制很多铆压工装。考虑到时间和成本，这个方案被否决掉了。再往下分析，手工敲击虽然看起比较原始，但从效率上看也不是不可接受（基本上3秒内解决战斗），目前最主要的问题是没有辅助夹持工装。所以接下来的解决方案就是保留手工敲击作业，并增加必要的夹持工装。这个想法实现起来，凭我那有限的工程知识和机械加工能力捣鼓了好几天也没有弄出什么好结果，最后，还是求教于L先生，L先生发挥了其在工装模具制造方面的深厚造诣，制作了一个简易的夹持装置，让我们最终实现了单人铆压作业。

- 包装。以前的做法是包装外箱放在地面上，当产品放满包装箱后，再转移到打包台上打包，搬上搬下比较吃力。开始时考虑过用吊装设备来辅助，但综合考虑后发现不是太方便，同时也有时间进度上的压力，所以优先选择的是通过改善操作和布局来解决这个问题。

首先将操作做了一点调整，以前是将外箱直接放在地板上，装满6个后再将整箱搬到打包台上。现在让打包机靠近装配工作台，然后直接将空的外箱直接放在打包台上，同时调整打包机的高度使其低于装配工作台20厘米（如果打包台的高度过高，整个外箱的高度会超出工人正常封箱的高度范围），这样工人可以直接将包装好的单件产品直接放入外箱中，从而省掉了一个抬升的动作。

这样做虽然抬升是省掉了，但如何将包装好的产品从包装台上移下来却是无论如何绕不过去的。所以，我将成品托盘直接放在靠近打包机的地面上，这样包装好的产品可以直接从打包机上转移到托盘上，不需要额外的移动距离（只是仍需要一点力气才行）。

另外一个问题就是，外箱包装好的产品还要逐个堆积到托盘上的，这样，底下3～4层的产品还好说，再往上哪怕是两人抬升也比较费力。所以我就直接限制了托盘堆积的高度只能在4层。

有个大姐问我："为什么不直接找一个猛男？"这么做也不是不可以，但这样最终还是没有实现人人都能正常操作的目标，正常生产中的人员轮换也就无法实现。一旦猛男不在，生产就不正常，稳定生产的目标也就没有达到。

总而言之，针对这些已经暴露出来的"双人舞"都逐一做了不同程度的改善，以使过程顺畅平滑。改善行动都是一些细微的小事，但积累形成的改变并不小。而且，即便是这些小事，过程也并不都是一帆风顺。

物料控制

巧妇难为无米之炊，物料的有无、好坏自然也是重中之重。

首先是解决物料的供应问题。根据工厂的正常流程，装配物料是由仓库根据ERP系统产生的发料单配送到装配区域，但因为BOM本身会出现物料不全、数量错误、实际物料变更而系统BOM未更新等问题，装配现场几乎每天都会有少料或错料的问题。

要解决这个问题，最彻底的办法当然是将整个系统里的BOM重新梳理一遍，查漏补缺，确保系统正确。但这个正确的方案实际上在短期内却行不通，主要还是资源的问题。大家都忙，问题一个接一个，技术部门和生产部门每天"救火"都来不及，哪里还有时间改善？这似乎也是管理不善的公司的通病。所以短期内要指望工厂能釜底抽薪，根治这个毛病，肯定是不现实的。

求人不如求己，所以我暂时的应对策略如下：

- 根据生产计划提前核对BOM的正确性，依据是有技术部门签字的标准样品；
- 安排一个专门的备料员提前一天跟仓库核对物料，并将核对和确认过的物料提前半天转移到划定的装配物料区。
- 将系统BOM跟实际不符的情况录入《异常单》，将《异常单》交给技术部评审，再将评审过后的内容录入系统。

这种方法能确保所有上线的产品在生产前都已配置好正确的物料，不会在开工生产后突然发现少料、错件。同时还能及时将所有的错误和疏漏反馈和记录，因为CASE BY CASE，所以技术部门也有时间来处理系统中的BOM错误。这样做的好处是能确保生产正常进行，坏处是确实辛苦了一点，效率也不高。

同时，因为一些历史原因，跟工厂配套的表面喷涂厂家的质量也不十分可靠，每次来料都有很多外观瑕疵，导致装配过程中经常发生生产中断。现在为避免这样的事情，每次在仓库发货时，我都安排备货员重新抽样检验，如果不合格，就提前安排返工，或切换生产任务。

这里，可能跟大家经常耳闻目睹的精益生产理念不一样。精益生产通常说的是要彻查原因，然后从根本上一劳永逸地解决问题。理念当然是这样，但有时我们也要根据实际情况量力而行。比如这个喷涂件，自然可以去寻找其他合适的厂家，也可以推行有效的供应商管理来解决这个问题。但这两种办法都需要时间，还面临究竟能解决到哪一步的问题。

所以，在真正的精益改善中，需要一种务实的态度，一点一点地推进。如果问题牵涉较广，无法在根本层面上彻底解决问题，那就退而求其次，至少保证在自己的职责权限范围内能防止问题重复发生。比如我现在只是想建立一条符合要求的装配线，那么就先必须保证有关的问题不能影响到装配生产，这是底线。至于更深远的解决措施，如果能够落地，自然求之不得，如果不能，暂时也能接受。

物料排布

与过程制造能力改善一样，物料排布改善也是一个永恒的主题。精益的物料排布，有一些基本要求：
- 定置，定位；
- 明确标识，方便取放，方便流转；
- 顺序投料；
- 多层排布，尽可能纵向利用空间（如图4-3）；
- 结合物料几何形状特征，合理利用空间（如图4-4）。

从创建这条流水线开始，几乎每天都有调整，我自己都不记得物料的排布改了多少次。唯一能确定的是，对比起初，已经是面目全非；再回头看当初留下的照片，丑得连自己都不想承认。

随着不断调整和改动，物料能越来越便捷地传递到操作员的手中，也尽可能地利用了生产区域的空间。虽然很多人都对我说过，这些架子一点都不"高大上"，不是那么美观，这点我也承认的，但好在真正的精益生产不是形象工程，外观好看与否从来都不应该是一个评估选项。当然如果做得既美观又好用，那也是极好的。

图4-3　多层物料架

图4-4　物料悬吊放置，节省空间，入口带防错功能

人员培训

充分的人员培训肯定要有。因为是针对装配员工的实际操作培训，所以培训都是在装配现场进行。理论上说，这样的培训很简

单，按标准化作业操作就行了；但实际上远不是那么回事。新的操作方式跟原来的有很多不同，而人做事都有惯性，发现新的要求跟自己习惯的方式不一样，大部分人立即感到不适应，然后就是质疑。这是人之常情，也是很多时候，推行精益生产实践时，有资历的老工人还不如新工人转变快的原因。新工人没有成见，你教什么就是什么；但有资历的老人本身就有根深蒂固的看法，在让他们接受新方法之前，首先得彻底洗掉他们的固有观念。自身的执念，才是最难化解的。

操作方面的改变有时还好说，毕竟操作上的便利还是很容易以实例来验证的，摆事实胜过讲道理。最大的挑战在于改变人的观念。在流水线上操作时，最大的特点就是单件连续流，对于早已习惯批量生产的人来说，要接受这种改变，简直是要了老命。同时以前大家都是坐着工作，而现在要求站立工作，虽然已经提前给工人们做了很多心理建设，但到真正实施时，免不了会遇上麻烦。

但再难也得做。在培训时，就先反复沟通，如果按新要求来，首先是有奖励，然后等到生产顺畅后，因为单位时间产出会有明显增加，工时工资就会上浮。在这一点上，必须再次感谢L先生的鼎力支持。对于大部分的企业来说，工时工资（或计件工资）都是一个不能触碰的禁区，但我跟L先生解释这件事情的时候，L先生没有任何犹豫就同意了。

培训过程中，有些人纯粹是习惯问题，做着做着就回到了批量生产的老路，在自己的工作区域内堆积一大堆来料和半成品。对于这些人，不停提醒，不停纠正，慢慢也就好了。

还有些人则是公开反对，死活不改。如果是这种情况，就只能直接换人。当初的计划是原来的四名熟练装配工人都转到新的流水线上来，但实际上，最终只有一个人成功完成了角色转换，其他的人员都是后来陆陆续续招进来的新工人。

节拍时间

节拍时间贯穿精益生产线的始终，是精益生产线最明显的特征之一。一定程度上可以这样说：如果你洞悉了节拍时间的奥秘，精益的大门就已经为你打开，你也能更深刻地理解生产管理本质上就是关于时间的竞争。理解节拍时间的概念并不难，计算也没有什么难度，难的是如何让流程具备按节拍生产的能力。

在装配流水线建立之初，我确定的节拍时间为：TT=60秒。但在初始运行的时候，一帮人包括L先生在内，忙得满头大汗，竭尽全力也才堪堪赶上80秒的节拍时间，这跟目标的60秒可是差了一大截。如何减少这20秒的差异呢？

方法不复杂，通用的流程如下：

- 让过程和操作稳定。这是改善的基石，没有这个，所有的后续步骤都没有什么用。
- 按照工艺顺序进行生产，测量并记录每个动作的周期时间。
- 根据周期时间和节拍时间确定所需的操作人数。
- 根据每个操作元素的单位时间和每个工位的节拍时间确定每个工位的操作内容。确保每个工位的操作周期时间≤节拍时间。

但实际应用中的情况比这个要复杂些，所以需要一点变通。比如在这个案例中，线上的人数上限是固定的——操作员工不能超过3人（后来变成了4人），这样一倒推，反而就是流程总的周期时间不能超过180秒（60×3），而实际的周期时间=260秒。那么在这种情况下怎么办呢？

首先想办法减少周期时间。如何减少？当然是改善。方法就是到作业现场进行时间和动作观察，通过现场观察来一一排除那些典型的"动作浪费"和"过程浪费"，通过改善动作和过程来有效缩短操作周期时间。

在我的案例中，通过下列改善动作，最终将周期时间缩短到了180秒内。

- 增加一个贴胶带的工装，将以前的手工两次贴胶带，变成一次贴两道胶带；
- 将丝网印刷改为静态喷码；
- 将手撕标签改为标签机；
- 将锤子敲导电绳改为手动小压机；
- 将以前的剪刀剪线变成快速铡刀断线；
- ……

如果总的周期时间符合要求，但还不能按规定的节拍时间输出，那么就要关注平衡的问题。在这种情况下，工位分配不均，有人超负荷，有人空闲。这时就要想办法让不同工序取得在同一节拍时间下的平衡。

这话说起来容易，但实现起来还是需要动很多心思，因为动作的拆分并不如数字上的拆分那么容易。任何一次拆分都有可能导致设备、物料、工具的重新布局和分配，虽然看起来只是拆分动作，但后面的细活很多。不同的人操作习惯各异，有时从一个人那里测量得到的数据放在另一个人身上就完全不是同一回事。但也不要灰心，只要保持耐心，不停尝试，一定会找到你想要的那个平衡点。

在我的案例中，经过持续不断地摸索，等到第一阶段告一段落时，节拍时间TT=30秒，每个小时有效产出106个。对比开始，那是完全颠覆认知的。

文件

对于标准意义上的精益生产来说，必要而不可或缺的文件就是标准作业。当然，文件工作从精益之初就要开始做，这里只是再强调一下文件化对于精益生产的意义。

首先是质量标准。起初，公司的产品没有系统的质量标准，了解到这一点后，我就自己开始编写。有质量管理的专业知识，再在一些关键要点要查一些资料，跟生产、技术部的大咖们多沟通、多咨询，花了一些时间后，我就将主要产品的一些质量标准整理出来了，内容结构如下表。

编号	检验项目	检验标准	检验方法	检验工具	QC检验频次	生产检验频次
1	形状	跟样品和图纸保持一致	比较	目视	5/批	首件
2	加油嘴位置	如图所示	测量	JG-01检具	5/批	NA
3	管口直径	XXXX	测量	JG-02检具	5/批	NA

续表

编号	检验项目	检验标准	检验方法	检验工具	QC检验频次	生产检验频次
4	小橡胶管直径	XXXX	测量	JG-03检具	5/批	NA
5	印字	内容跟订单要求一致 字体清晰 字体方向正确,一致 印字位置如图所示,一致	目视	目视	5/批	100%
6	胶条	黄色胶条,一条紧贴法兰边,另一条相距45mm,平整,接头顺滑	目视跟样品比较	目视	5/批	100%
7	抱箍	位置正确 外观无锈 连接紧固	目视跟样品比较	目视	5/批	100%
8	铝片	位置正确 由黑色电工胶带固定	目视跟样品比较	目视	5/批	100%

然后是工艺文件。这一点还好,因为在创建流水线的时候,就要开始编制工艺文件,虽然没有太多参考,但还好不难,最主要的是费时间。工艺文件的结构是秉承我以前的习惯,用JI(JOB INSTRUCTION,工作分解表)的方式来做的,图4-5是其中一个范例。

从很多角度来看,在那时编写这些文件看起来并不是太紧迫的事情,但虽然有些辛苦,我还是坚持一个产品一组文件的速度往前推进。对于管理,我的认知就是首先建立规范(标准),然后通过明确的规范来持续指导工厂的运作,经过一定时间,就自然会形成

区域：装配	工作分解表		编号：JD/WI-技术-0009-03	版本：01
操作：套小管（所有版本）		日期：2020.6.8	批准	
需要的部件：油管（2.B9002.016）或油管（2.B9002.023），小橡胶管（3.1.B9002.002），小卡箍(2.B9002.024)		编写：贺顺红	签名	日期
需要的培训工具：			1. 贺顺红	2020.6.8
通常的关键点：			2.	
			3.	

做什么？		如何	为什么？	图片
总共有：____ 主要步骤	关键点 S 安全：避免伤害，不利于人体工程，危险因素 Q 质量：避免缺陷，检验垫，标准 T 技术：有效的动作，特别的方法 C 成本：物料的正确使用		成为关键点的原因	
步骤#_1_有_2_关键点 将小油管从大油管中边出到适当距离	T Q	小油管露出距离12±2CM 小油管从大管较直的一端露出	方便后续操作 影响产品功能	
步骤#_2_有_2_关键点 套入抱箍(2.A9002.024)	T	不能漏装抱箍	会导致后续返工	
步骤#_3_有1_关键点 蘸油	T	油量适量	过少无润滑作用过多则污染产品	
步骤#_4_有2_关键点 套小管	Q T	套入距离70±5MM 小管套入时确保加油嘴在上部	安装要求 影响产品功能	
步骤#_5_有3关键点 夹抱箍	Q Q T	抱箍的位置：在卡点的上端贴着卡点 夹紧 夹紧后要压平	位置不合适，则影响紧固功能 没夹紧时小油管会松脱 否则会影响após大油管的装配	

图4-5　JI工作表范例

习惯。当工厂按照自主的习惯（当然是好的、积极向上的习惯）运转起来后，管理的难度和力度就会自然降低，而文件就是这一切的基础。同时，坚持要求文件化，还能从开始就给工人一个印象——标准化生产，一切按文件来。

关于5S

有心的朋友其实已经注意到了，在前期的诸多准备与规划中，我好像都没有提及5S。是5S不重要，还是我不太懂5S？我当然不敢说自己是5S的专家，但5S的重要性还是知道的。只是，我一直认为5S从来都不应该是目的，而只能是一种手段，也就是说不能为5S而5S。生产中需要做很多事情，所有的事情都应该只有一个目的——有利于生产的进行。所以，我会做很多事情来促使这个目的的达成，其中就包括5S，但这对我来说并不是一件很特别的事情。实事求是地讲，我个人对5S的要求还是比较高的。图4-6、4-7、4-8来自自身经历过的一些5S现场。

图4-6　检验台5S

图4-7　维修台5S

图4-8 CNC车间5S

在排布物料、定位工具、管理机器工装和模具时，定置定位，定容定量，其实就是5S的一部分。只不过，做这些并不是因为我要做5S，而是因为这样做了，能帮助我减少过程中的浪费，更好地实现过程控制。对于那些只是一味推行5S战略的人，我从不认为他们会真正成功。

— 4.3 —
正式生产与持续改善

正式生产

经过几次试生产后，典型的工艺和质量问题已经消除，单独的操作培训都已经按计划完成，生产工人也已经在流水线上操练过几次，流程已经达到正常的稳定程度，是时候开始正式生产了。

以前的几个资深装配人员最终只有一个大姐留下，其他三人都是后来陆续加入的，但因为产品本身不难，大家在试生产时就已经相互磨合了一些时间，所以等到正式生产时，人员的配合已经不是最大的问题，只是操作熟练度还有很大的提高空间。

尽管在试生产和培训时，我们就新的生产理念和生产模式都已经有不同程度的沟通和交流，但在正式生产的那一天，我还是非常诚恳地跟大家开了一个短会，概括起来有这样几个要求：

- 按要求生产；
- 一旦发现任何问题，就停线；
- 因各种原因需要离开岗位时通知组长（开始阶段是我自己），由组长顶岗。

这些要求很简单，是因为有效生产的要求本身就很简单。我一向不喜欢开会，也不喜欢跟员工讲很多大道理。工厂管理中，很多时候管理者都爱拿全员参与来说事，经常批评基层员工不争气、不积极、不主动、不配合。这样做，其实是有意或无意回避了领导本身的职责。

在推行精益生产的过程中，我们当然需要也欢迎员工的积极参与，但在没有成气候之前，尤其在开始阶段，最有效的方法是负责人设计好所有的流程和方法，员工只需要负责按要求实施。等到精益生产的模式日渐成熟，自然可以考虑如何充分发挥员工的聪明才智，真正做到全员参与。而在开始阶段就致力于全员参与，既不成熟，也不现实。

越小的公司、越无能的管理层越喜欢用计件工作制，就是因为管理层没有意愿也没有能力规划设计出好的工作流程，也无法有效地进行工作改善，转而将生产的问题（质量差，效率低）全部归咎于员工的主观能动性差，这是管理层的悲哀。

另外一个原因是，精益生产的模式本身很脆弱，要维持并改善精益生产模式，对生产纪律的要求要远远高于传统生产。所以，一开始就要给所有人一个很清晰的信息——按要求办事。这样，不论是对制定要求的人，还是实施要求的人，都有了明确的约束，不能在生产过程中任意发挥。

跟员工说明"按要求生产"是容易的，但要让员工愿意接受并落实这个要求则还需要做很多事情。做任何改善，我们都要反复问自己一个问题——工人为什么来你的工厂？答案很简单——赚钱。千里打工只为钱。每个工人其实都对自己有一个评估，虽然并一定全面或客观。他们对自己每个月要赚多少钱是有一条心理基准线的。如果在你这里能挣到别的地方挣不到的钱，他会留在你的手下；如果在这里挣到的钱跟在别处挣到的钱大致相平，他就会很摇摆；而一旦有机会在别处挣到比你这儿多的钱，他很难不考虑离开。

明白这一点很重要，就是对待员工，不要务虚，直接给钱就对了。当然不是无原则地给钱，而是一定要从心里明白，如果工人的业绩提升了，那就是要给予相应的、现实的回报，最好的回报就是给钱。所以我也跟几位工人说得很明白，踏踏实实按要求来，把产出搞上去，达到指定指标，工资承诺增加。

我并不赞成将金钱作为唯一的激励手段，但在推行精益生产的过程中，要坚定地认为，如果公司通过精益生产获得了财务上的回报，那么就要将这种回报适当反馈给为此做出过努力的每一位工人。这种示范作用比我们做任何培训宣导更有引导作用。

这条线终于投入了生产，原来散兵游勇、搭伙过日子做装配生产的时代彻底结束了。

持续改善

没有什么事情是可以一成不变的。持续改善，是精益生产能生根发芽、发展壮大的根本原因。

现在，装配生产流水线已经搭建完成，相关生产就全部转移到这条流水线上来。这个时候要做的事情就是不断试验，不断发现问题，然后不断改善。改善最重要的一点是有识别问题的能力和机制。

只有快速准确地识别了问题，才能找到改善的机会。识别问题主要有这样几种办法：

- 充分利用JIDOKA。每次停线报警都提示了一个实实在在的问题，每次的问题都要记录，然后及时分析和改善。
- 现场观察（大野耐一圈）。定期进行现场观察，识别浪费和改善的机会。
- 自身尝试和感受。不停地参与现场操作，包括生产操作、备送物料等，感受布局、工装、物料的便利性和局限性，寻找最佳的节拍和工作路线。
- 主动寻求改变，比如继续减少人力，加快节拍，减少在线库存等。

总而言之，在终于建立一条流水线后，虽然还运行得磕磕绊绊，但总算有了向上向好的苗头。在这条线上，我们能看到工人按要求操作，有问题报警，有问题记录，还有问题解决和追溯系统（参见图4-9）。虽然一切都很稚嫩，但毕竟步入了正轨。只不过，在解决问题阶段，最主要的负责人在很长一个阶段还只能是我自己。

图4-9　车间现场改善工作台示例

现场管理人员

经营生产能否维持长久，关键要看现场管理人员的素质和能力。绝对稳定的生产线和生产场景是不存在的——波动无处不在，可以参考休哈特的控制理论。这就需要一个现场管理人员时时刻刻关注现场，一旦发生偏差，能及时把异常消除，把生产带回正轨。这既是保证完成正常生产任务的需要，也是贯彻精益生产"有问题就解决"的思想，更是时时保持精益生产运行方式的需要。前面讲过，精益生产模式比传统生产模式更为脆弱，所以要求现场处理问题更迅速。

这一点看起来好像跟传统的现场管理人员没有区别，都是"救火队员"。但二者的本质是不同的。传统的现场管理中，现场管理人员最大的功能是救火和协调，弥补管理上的缺失，导致管理人员更倾向于推卸责任，比如物料有问题，那就让品质和供应商来背锅；至于如何让自身的损失更少，更是不在他们积极考虑的范围。

相反，在精益生产中，就真的是你的地盘你做主，你的生产你背锅，更强调对整个价值流的责任。管理人员要竭尽全力让生产效益最大化：当问题发生在现场，首先想到的不是找到替罪羊，把锅甩出去，而是要马上识别问题，遏制问题，竭尽全力解决问题，使生产在最短的时间内恢复到正常状态。同时，管理人员还有一项更重要的职责：持续改善。管理即改善，除了被动消除爆发出来的问题，还要主动进行现场观察，识别潜在的改善机会。

在这条装配线上，这名现场管理人员对我能否将精益生产在L先生的工厂里更上一层楼至关重要。我的长期任务是把精益生产的模式在工厂内部不断横向和纵向扩展，不能只待在这一条生产线上。可是，短期内要指望线上的工人有能力维持现在的精益生产模式，并实现生产的自我改善，肯定是不现实的，这就需要另外一个人来看守这块阵地。这个管理人员可以时时刻刻确保这条生产线行进在正确的轨道上，并领导这条线持续改善。

　　道理是这个道理，但在实际工作中找到这样一个人并不容易，让其完全知晓我的意图也不容易，有时还得看缘分。L先生和我尝试过很多次，我前后努力尝试引导过六个人来胜任这个工作，包括外部招聘和内部调配，但非常遗憾，都没有成功，因为双方无法相互满意。

　　主要问题是成本和收益的考量。首先，单独设立这么一个职位，显得非常官僚，因为一条只有四个人的生产线，还配置一个管理者，视觉上就让人觉得多余，从成本考量上更是。既然单独设一个职位不现实，那么只能由人兼任，所以问题就变成了，由谁来兼任？

　　选项1：由其他的管理人员兼任。这样做，第一个问题是如何确保这个人能跟生产线保持同步；第二个问题是如何让这个人接受精益的思想和方法。

　　选项2：由四个操作员之中的一人兼任。这样做最大的问题是如何确保这个人在从事正常生产工作的同时还能承担必要的管理职责。

　　首先尝试的是选项1，前后有三个人来试镜，经过一段时间的磨合，很遗憾都未能成功。所以最终尝试选项2。接下来要解决的问题就是如何确保这个人的管理工作和生产工作并行不误。所以我进一步分析各个产品的生产过程，从中提炼出大量的目前看起来可以离线操作的工作，并将这些工作分给这个管理人员，比如：

- 流水线是单件流但很多产品是6个产品放入1个外箱,那么这个外箱包装的工作就可以从流水线上的生产节拍隔离出来;
- 有一个剪皮圈的动作,单个剪的时候平均耗时6秒1个,但如果连续剪,平均耗时是2秒1个,那么这项工作也可能暂时从流水线上隔离出来;

……

通过这样一些调整,逐渐做到了让这个人能从事一些管理工作,能处理一些生产中的小异常,同时也能保持必要的生产工作负荷。调整工作负荷时,我的基本思想就是,如果从这个线上减掉一个人,这条线的产出不能减少。也就是说,把人调整出生产线,有些工作也要相应调整到线外,确保原本的节拍时间不受影响。

解决掉工作负荷的问题后,就要物色合适的人选。这个人要有意愿和能力成为你希望的那个人,同时也要得到明确的实惠。口惠而实不至,只会画饼的事情最好不要做。最后,还是那位资深的装配工人大姐接受了这个角色,这是当时的最优解了。

4.4 标准化管理流程

标准化作业

"管理好的企业,总是单调无味,没有任何激动人心的事件。因为凡是可能发生的危机早已经被预见,并已将它们转化为例行作业了。"(彼得·德鲁克)

所谓的例行作业,就是标准化。标准化不是指那一份标准化文件,而是凡事都需要标准化的概念。在推行精益的过程中,前期是很痛苦的,就如我自己曾经历的点点滴滴。但这一阶段事实上是最容易产生视觉冲击效果的一个阶段,比如:

- 通过改善布局,突然给大家耳目一新的视觉效果;
- 将批量生产变成流动生产(甚至单件流生产),产出和效率爆炸式地提高;
- 减少了大量的在制品库存,空间利用效率令人咋舌;
- 大量的过程改善,各种各样新奇的工装、治具、工具层出不穷;
- 过程(包括动作)的拆分彻底颠覆了人们以前对于工序(工位)

的认知；

- 现场的5S让人感慨，原来自己的车间（工作场所）离世界级工厂只差一个你；

……

这一阶段的成果是非常振奋人心的。但正是这时候，更需要清晰认识到"行百里者半九十"，走到这里，对于精益实践来说，也就是刚进门。如果把精益生产看作一个生产管理方面的新产品，目前是个样品验证的阶段，距离大批量生产还有很长的路要走。

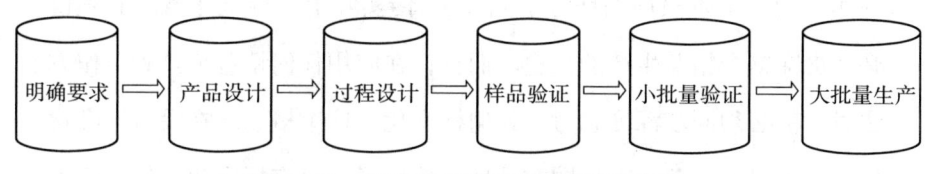

明确要求 ➡ 产品设计 ➡ 过程设计 ➡ 样品验证 ➡ 小批量验证 ➡ 大批量生产

图4-10　新产品开发通用流程示意图

就目前而言，第一条生产线有了一个基本的模样，运行效果良好。但我非常清楚，如果这时我离开，这条线很快就会垮掉，变得面目全非。目前的形势有多喜人，到时打脸就会有多痛。如何保住胜利的果实，同时进一步扩大战果（战场）呢？

"修身，齐家，治国，平天下"，虽然这是一个个人修为的问题，但也是一个影响面逐步扩大的问题，从小到大，由点及面，逐步升级。精益推行也是如此，从一个产品到多个产品，从一个制程到多个制程，从一个区域到多个区域，从一个人到多个人，如此反复，逐步扩大影响面，最终形成一个按统一规则运作的系统。如何做到步步为营，既攻城掠寨，开疆拓土，又不失一城一地呢？这个公开的武器就是——标准化！

在精益生产模式中，任何生产现场或生产流程，只有在达到稳定后，才有可能真正地持续改进；而任何流程除非标准化，否则不可能获得真正的稳定。所以，标准化是持续改善的起点（也是终点），也是创造稳定绩效最重要的方法，没有之一。

同时，在发展精益的作业流程的整个过程中，标准作业是一条贯穿始终的线，而并非只是某个特定阶段单独应用的方法。不了解精益生产的人习惯把标准化作业当作一个"阶段性任务"来考量（与此异曲同工的是不了解质量管理体系的人也通常把程序文件、操作指导书等作为一个阶段性的任务来完成）。但实际上，标准化概念必须也必然贯穿整个精益生产的征途。而且，在应用任何精益工具和工作方法时，都必须同步深度思考"如何标准化"这个概念。在没有标准化的流程中寻求改善，就如同在沙地上建房子。没有标准化，任何改善方法都无用武之地。标准化不是一套束之高阁、奉如圭臬的文件，而是一个需要时刻应用在实际的生产业务流程中的概念和手段。只有这样，标准化才能真正成为保证流程稳定性的基础，成为创造稳定绩效的利器。

所有践行精益生产的人都会说标准化作业是一个异常强大且必要的工具，所以标准化理应被人爱不释手，但实际情况远非如此。大部分人对标准化作业是反对的。很多时候，标准化作业反而是精益生产中最难落实的事情。这可能是因为长久以来人们对于标准化的刻板印象。在绝大部分人的固有印象中，标准化就是要求员工放弃自己的自由，一丝不苟遵守每一项"违背人性"的规定，确保每一秒钟的生产力，是非常不人道的剥削制度，彻底抹杀了人们的活力与创意，使人变得像自动化的机器。

这当然是一种误解，而且是如此之深。精益生产的很多工具和理念都不太容易理解和接受，而标准化可能是被误解最深的那个。导致这种误解的历史渊源很长，根本原因可能得追溯到泰勒（Frederick Winslow Taylor）的"科学管理思想"。泰勒的时间—动作研究方法自从面世以来，就被众多的组织和管理者有意或无意地曲解，并有目的地进行了"特殊应用"，慢慢地，标准作业和标准定额就变成了一个支配工人的工具。所以，在精益生产中一旦提及标准化作业，人们就本能地抗拒，也是理所当然。

Work smarter, not work harder（工作求巧不求苦），这是我的精益教练一直灌输的观念。标准化不是一个追求标准定额的工具，也不是一种追求最低成本的手段，更不是一种以最大限度压榨工人为目的的制度。真正的标准化作业，追求的是一种最优的作业方法（虽然是当下的，也是动态的），以求在同等甚至更少的人力/物资条件下获得更大的产出，提高生产率。在生产率持续提高的情况下，劳资双方都能获得自身利益的增长。这与泰勒的科学管理是如出一辙的。泰勒的科学管理认为更高的工作效率是雇主和雇员达到共同富裕的基础。在标准化作业的场景中，工人们工作更有效率，获得更多的产出。随着产出的增加，他们的雇主自然可以获得更多的收益，而工人们也能从雇主那里取得更多的报酬。一言以蔽之，劳资双方都可以获得自身利益的最大化。所以标准化作业本质上就是一种追求利益最大化的工具（稳定也是为了追求利益最大化）。

导致误解的根源，就是劳资双方对利益最大化的理解产生了分歧，尤其是资方走入了歧路。在漫长的工业化演变史中，绝大部分的资方通常"自然而然"地认为利益最大化就等于自身利益的最大化，劳动者的利益自动被排除在外。所以这样的"标准化作业"越成功，劳动者就越不满、越抵触，对标准化作业的刻板印象也就与日俱增。要想员工具有接受和实施标准化作业的"内驱力"，因绩效增长带来的合理的利益分配必不可少。

长期积累的刻板印象在有限的时间内确实很难打破，但标准化在精益生产实践中又是不可或缺的，二者之间完全没有妥协的空间，何去何从？当然有很多种技巧和方法来平稳应对这种挑战，但现实中，要想迈过这个坎，真正有效的方法其实就两个，一是利益，二是决心。即跟员工理清坚持标准化作业在利益方面的得失（包括个人和公司层面上的得失），以实际行动保证员工可以因为坚持标准化作业而获益，然后就要展现坚持标准化的决心。除此之外，都是避重就轻。

所以在生产过程中，我在提前和L先生仔细沟通并获得首肯以后，首先就旗帜鲜明地跟所有员工表态——只要按照标准化作业，生产效率（产出）就能提高；生产效率只要提高，大家就能获得实实在在的金钱回报。当然，光口头宣导是没有用的，我还制定了切实的产出与回报方案，然后及时、切实兑现。口惠而实不至，只玩套路也是无法长久的。有了这个表态和随后的兑现，落实标准化作业就有了一个坚实的基础。

在此基础上，每日的生产中，我"祥林嫂"附体，不厌其烦地提醒员工要按标准作业生产，一旦出现不相符合的情况，就要求停止生产，评估员工的工作和标准作业本身。另一方面，我至少每个星期一次跟全体操作员工一起评估本周的标准作业情况，鼓励员工提出意见，然后自己修改（员工的文化程度不是太高，还没有到能自己编写标准作业的程度）。需要强调的是，标准化作业追求的是一种当下的最优作业方法，需要大量的观察、思考、学习，需要科学的分析和抉择。很多人谈起标准化作业，总是轻描淡写地说，标准化作业就是到现场去记录工人的步骤、动作和时间，然后再以文件体现出来。这是一知半解。最后一点，一旦确定了标准作业，就要通过持续的训练让员工形成按标准作业进行生产的肌肉记忆，这样在持续一贯的要求下，员工也就会慢慢地具备按标准作业生产的能力和意识。

生产流程标准化

我理解的标准化包含两个方面：生产操作标准化和生产运作流程标准化。理想中的生产管理流程，生产计划是唯一的开关。生产计划一到，开关开启，整个生产现场自动运转，期间并不需要太多人为干预。

- 员工自动就位，不假思索地按要求生产出符合要求的产品；
- 如果生产过程中发生问题，生产自动停止，问题解决系统开始工作；
- 问题解决，生产恢复，问题被记录下来，进入改善系统；
- 生产完成后，产品自动进入交付通道，完成交付。

想达到这个目标，具体要求就是：

- 准确且唯一的生产信息（生产计划）定点准时到达；
- 生产信息（生产计划）准确地呈现在生产现场，且人人目视可见；
- 生产物料（包括标签）按照跟生产计划一致的顺序出现在规定的场所；

- 生产工具（工装、治具等）按照跟生产计划一致的顺序出现在规定的场所，并在一个节拍时间内实现切换；
- 产品的标准（标准样品、质量文件、操作文件）按照与生产计划一致的顺序出现在规定的场所，并在1个节拍时间内实现切换；
- 有明确的生产节拍和操作指引；
- 每个人在每个岗位都具备同样的技能和技能水准；
- 物料专人按节拍配送；
- 有明确的质量管理流程；
- 有明确的设备、工装、治具维护管理流程；
- 有明确的作业时间规定；
- 问题发生时，有明确的遏制（停线）、报警机制（ANDON）、恢复和处理流程。

这个生产系统并不完美，但如果能实现，应该有不错的效果。最重要的是落实。

首先，我需要跟相关部门（开始是生产计划、仓库两个部门）去协商：需要有人将生产计划、物料等按要求提供过来。

在这中间，重要的是标准化。比如说，时间，地点，方式，这些内容都需要明确规定并得到一致认可；再比如，生产计划的表格进行了标准化，因为我希望每个生产计划制定者和接收者都能看到同样的信息。这些内容一旦确定下来，就不能单方面随意改动。如果要改，就一定是慎重讨论分析后的更改，而不是随心所欲地变动。比如说生产计划到达的时间究竟是下午3点之前还是4点之前并不是最关键的，最关键的是确定了，就按确定的要求实施，大家都能按照约定的时间点同步协同。

然后，还要将一些很基本的日常管理动作纳入现场管理规范，包括获取生产信息，进行作业准备，作业安排，物料配送，首件生产与质量确认，换岗要求，作息时间要求，5S要求，异常处置等，这些后来都统统汇总到一个叫《流水线运行管理规定》的文件中。这一切，就是用来固化一些日常管理行为，形成一个管理基准，促进现场的持续改善。

接下来，我还在流水线上培养了一个代理人（也就是前面提到的现场管理人员）去观察整个生产的运行，一旦出现波动和异常，这位代理人能马上采取措施，恢复正常生产。

操作标准化（标准化作业）

但凡接触过精益或TPS，对标准化作业肯定不会陌生。做这个事情没有什么高深的技巧，就是使用标准三件套：秒表、时间观察表、铅笔。现在还可以加上一样——手机，用来拍视频，做动作分析。

细分动作，记录时间，根据节拍时间合理分配，找到最佳的平衡点。这几乎就是标准化作业的全部内容。说起来简单，但是个很考验耐心的活儿。物理动作上的拆分和重新安排并不像数字上的加减那么简单直接，可能需要非常多次的重新组合，才能得到一个理想的结果，很有可能牵涉设备布局、物料摆放等很多方面的工作。

比如，有一个产品，第2个工位的周期时间比第3个工位的周期时间要多出5秒，尝试了至少十几种方案，都不尽如人意。直到有一天在生产时操作员灵机一动，将工位3中的一个5秒的动作移到工位2，将工位2一个10秒的动作转移到工位3，才比较好地解决了这个问题。

另外，人员之间的差异导致在时间平衡方面的变动很难把握。要想让所有人都具备非常接近的操作技能，一定时长的操作培训必不可少，而当时，线上的新手工人占大多数。同时我们必须承认，培训也不能完全消除这种差异（一定范围的差异必须接受）。这里不得不说，当时有位员工，非常踏实肯干，任劳任怨，工作中不挑不拣，但无论如何也赶不上规定的操作节拍。在穷尽当时能想到的一切手段之后，最终还是成效不大，迫于无奈，也只能将这位工人大哥转移到下面车间可以进行单人操作的一个工位上。

还有一个问题：如何做标准化作业，由谁来做。很多书上都说过（大野耐一也说过），现场的标准化作业就要由现场的人员来负责编写。但在实践当中，我知道，很多时候这条路是走不通的，尤其是开始的时候。这个时候，就不要过于教条了，不管谁来做标准，先将标准做出来再说。

在L先生的工厂中，操作员是没有这个能力来做这件事情的，要想标准化，就得自己来观察、分析和编写。由于产品类型多，没有办法和时间将每款产品的标准化作业都在有限的时间内做到令人满意的程度，所以我采取的方法是为每次生产做标准作业（有很多产品第一次都是根据图纸和样品凭想象做的），然后按照拟定的标准作业生产，有问题就调整并记录，生产完成后再做相应的改善，然后再形成新的标准作业。如此周而复始，虽然狼狈且辛苦，但最终还是形成了一些看似微不足道，但实实在在的进步。

流水线管理规定

1. 获取生产看板

开工前30分钟至看板盒处获取生产看板。必须按指定的顺序，逐个拿取生产看板。

2. 作业准备

机器：对机器进行必要的检查、预热、调试辅料准备等。

模具、工装、刀具：准备并安装所需要的模具、工装、刀具等。

检具、量具：准备所需要的检具、量具等。

人员安排：安排合适的作业人员和合适的备料人员。

技术文件准备：将需要的技术文件准备到现场。

3. 获取备料看板

开工前30分钟至看板盒处获取备料看板，必须按指定的顺序，逐个拿取备料看板。

4. 物料准备预配送

根据看板要求配送物料，见到看板才配送物料，不见看板不送料。

看板跟物料一起配送，使用指定的容器盛放物料。

生产开始前需要将物料配送到指定位置。

5. 首件生产

操作员按正常操作要求生产首件，并确认首件质量，然后由现场管理人员确认。

现场管理人员确认合格后，开始正式生产。但首样保留给QC进行最终确认。

6.正常生产

操作员按标准作业的要求进行生产，不擅自更改作业方法。

定人定岗，在指定的岗位区域内操作。

每小时轮换岗位1次（按流水线操作顺序轮换）。

每工作2小时中间休息10分钟。

不能提前超量生产。

有问题停线并报警，在问题未解决之前不能生产。

操作人员在过程中离开生产线时必须通知管理人员，由管理人员顶替。

物料必须放在指定位置，并使用指定容器。

工具、检具等都需要放在指定位置。

看板放置在指定位置。

切换产品时，重复步骤2到步骤5。

生产结束时，各工位都需要保留1件待加工的产品。

按规定时间作息：

8:00～10:00 AM：工作

10:00～10:10 AM：休息

10:10～12:00 AM：工作

12:00～13:00：午餐

13:00～15:00：工作

15:00～15:10：休息

15:10～16:50：工作

16:50～16:55 现场5S

16:55～17:00 生产日会

7. 生产监控和异常处置

生产线有任何异常（安全、质量、物料短缺等），操作员都必须马上停线报警。

现场管理人员需要在1分钟以内到达异常发生地点，并开始处置异常。

如果异常能够在5分钟之内解决，现场管理人员解决异常后恢复生产。

如果5分钟之内不能解决，通知生产经理。

生产经理需要在5分钟之内到达异常发生地点，并开始处置异常。

每日下班前现场管理人员汇总当日问题，并组织进行原因分析，制定改善方案。

每日生产结束后，现场管理人员汇报当日生产进度和生产计划完成情况。

4.5
合并生产线

人们在介绍精益实施的成功经验时，往往将精益生产的效果有意无意地夸大，而对精益实践道路上的艰辛却又一笔带过。网络上有很多人说，通过一两天、三四个人的通力协作，一顿操作猛如虎，就完整地打造出一条完美的单件流生产线，并完美地贴合生产需求和工艺规范，运行成就斐然，令人耳目一新，叹为观止。

对于这样的说法，我总是持谨慎的怀疑。一个精益大师往现场一站，就能看出很多浪费，觉察出很多违背精益常识的不足，这是没有疑问的。研习精益一段时间之后，就会慢慢形成一种本能，当任何生产实际跟这种本能相悖时，心中自然会产生一个又一个的"观察发现"。

但是在这一面发现了问题，并不意味着事情的另一面就是正确答案。比如精益生产对比传统生产方式，最为目视可见的不同是生产批量显著减少。当你在现场发现大批量的在制品库存时，自然会认为，这样的生产方式一定是错了。这种看法没有问题。但如果你的解决方案只是想着尽快移走这堆库存，那你的方案很有可能就是错的。

人对事物的认知是一个渐进的过程，而精益大师并不是通晓一切的大神。任何一个产品、制程、行业都有其需要长期积累才能形成的专门知识和经验，有些还是独门心法。所谓的布局优化、工艺调整其实都是制程的重大改变，能在短短1~2天内就完成所有的规划、验证和确认，并保证这些改动对质量和可靠性都没有影响，既不现实，也违背质量管理的基本常识。工厂自以为是地做出了工艺优化的改善，省掉一两个看似毫不起眼的小步骤（或动作），后果惨重——这样的事情并不鲜见。

同时，哪怕制程的改善本身没有问题，但配套的支持（如生产计划的调整，前后道工序的协调，物料的配送放置等）如果没有同步完成，那么最终也是"一枝独秀"，然后木秀于林，风必摧之。

另外，人接受新事物，都需要一个过程。如果事不关己，站在旁边看，大家都会说单件流好，培训课上大家就是这样捧场喝彩的。但如果置身其中，自身也成为需要变革的对象，事情就不会这样简单。比如说，精益的生产线上，通常要求员工是站立作业；而对于很多工厂来说，让工人从坐着工作转变到站立工作就是一道过不去的坎。

所以，我一直都认为精益实践的成功一定是个需要时间和耐心的细活。短短几天就能让生产本身脱胎换骨，那是超人才能办到的。精益生产很美好，但"精益生产很容易"的鬼话不要过于相信。

有了第一条生产线，基本的革命根据地就有了。有了根据地，第一是要守住，千万不要得而复失；第二就是要扩大，我扩大的方法就是典型的"添油战术"，将其他的产品都往这条线上靠。

产品发货名录上的产品有160款，一个一个往上加，慢慢地，除了5~6款少有人问津的产品还没有在这条生产线上出现过，其他的都已经可以在同一条线上实现按节拍生产了。

实现并线生产的过程有些艰辛工作量大，但道路和方法并不曲折，基本是一脉相承的。

首先，熟悉产品和产品制造工艺。这是必修课。所谓工艺，无非就是规定什么人，在什么时候（步骤），使用何种设备（工具、工装），用何种方法，做什么事。说到底，生产线无非就是工艺的物理体现，包括人、机、料在空间里的具象体现，所以在获得这些具象体现之前，需要在理论和概念上彻底搞清产品结构和制造工艺。

如果时间有限，你也无须将产品的所有相关工艺全部掌握，只需要密切关注跟当前制程有关的工艺即可。比如，你如果在改善装配过程，那就先将装配工艺了然于胸，如果在改善机加工过程，那就先仔细了解机加工过程。

在分析当前工艺时，通常都会发现很多浪费，或者看起来不合理的地方。这个时候，做适当的调整和改善是必须的，但是一定要按捺住大刀阔斧"改善"的冲动。除非特别有信心，现行的工艺步骤和动作最好保持不变。事实上，在这个时候，只需要努力做好各个过程之间的衔接（尽可能消除工序间的在制品库存）和平衡，就来会带来让人震撼的效果。

然后，根据工艺进行产品分类。了解一个产品的工艺后，就尽可能将相同、类似或接近的产品归为一类。这样做的好处是可以简化制程的复杂程度。当然，很多时候不同产品的工艺不尽相同，这个时候就可以将主要工艺（或者重要工艺）相同或相似的产品归为一类。在我的案例中，总共160类产品在组装工艺上大体分为6类。这样分下来，产品虽然多，但我只需要在同一条生产线上体现6种具体的工艺流程就够了。

接下来，就要考虑设备布局。工艺流程不同，操作顺序、设备要求都有可能不一样，那是不是就要根据不同的工艺流程布置不同的生产线呢？当然可以，但也并不是唯一的选项。事实上，在条件许可（安全、质量、效率、成本、客户要求）的情况下，还是要尽可能考虑将不同产品合并在同一生产线上。

如何将不同的生产工艺（主要工艺要相同或相近）合并到同一条生产线上呢？基本原则是：

- 次要产品服从主要产品。
- 后来者服从先来者。

以下是一个例子。

先设定的A产品，工艺路线和布局如图4-11。

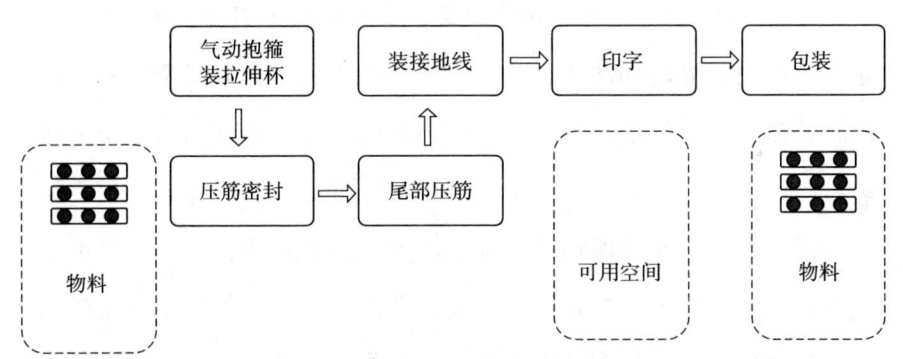

图4-11 A产品工艺布局示意图

后添加的B产品，工艺路线如图4-12。

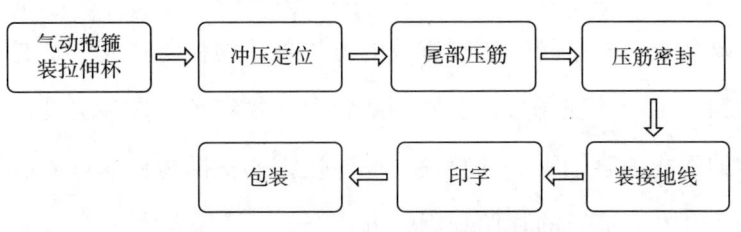

图4-12 B产品工艺布局示意图

这样一看，B产品多了一个冲压定位的工序，同时尾部压筋的工序也跟A产品的顺序不一样。如何将A和B合并到同一条生产线上呢？我最后决定的布局如图4-13。

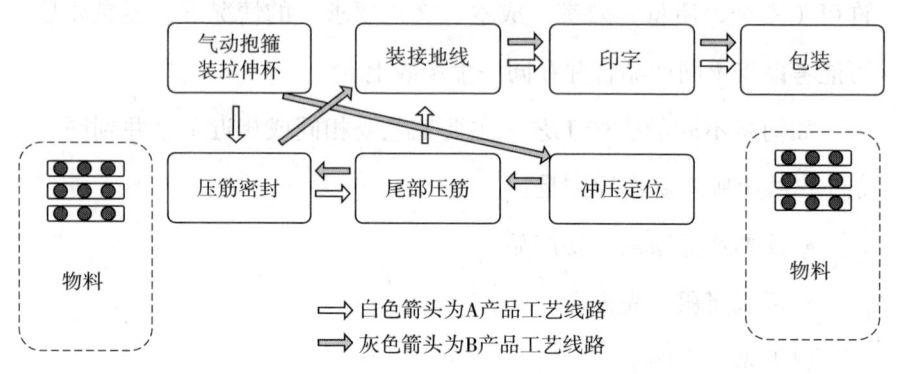

图4-13　A&B产品混合生产工艺布局示意图

在这种情况下，A产品的工艺路线和布局保持不动，而B产品只是在可用空间处增加冲压定位工序所需的机台。我只要聚焦解决如何将首道工序（气动抱箍，装拉伸杯）的产品传递到冲压定位工序即可。这基本上是我当时能考虑到的最省事的解决方案。

接下来，还要考虑物料布局。随着产品的合并，物料布局也要不停地调整和增加。这是非常考验智慧的地方，尤其是当你需要在有限的场地融合进越来越多的产品的时候。但其实，这也是精益生产的魅力所在。都说精益生产提高效率，减少作业面积，这些减少的作业面积都是见缝插针，一点一点省出来的。

要高效利用空间，比较有效的方法是让物料向"上"发展。通常在精益生产的现场，你会看到物料架、物料车都是多层设计，在同样的面积内容纳更多的物料。同时还需要根据物料本身的形状和体积，开发出适宜的存储和周转方式。

当然，要提高"土地"的利用率，最根本的办法是要加快物料的流动。

图4-14 混线生产时不同物料的有序排布

混线生产的最高境界是可以实现不同产品的均衡生产。理想中的均衡混线生产是不同产品可以混合在同一个节拍中均衡生产，这是我暂时不敢奢望的。目前我只是在工艺上实现了让不同产品在同一条产线上生产的可能性。比如同一班次中要生产5个A（◯），5个B（⬠），5个C（▢），理想中的均衡混线生产如图4-15，而我的实际情况如图4-16，这就是差距。

图4-15 理想的均衡混线生产

图4-16 目前实际的生产状况

但是，虽然距离真正的均衡混线生产还差了几条街，目前这样的并线生产也是有积极意义的。最明显的好处就是对场地、设备和人力资源的优化。很简单，如果10个产品开10条生产线，就需要投资10条生产线的人员、场地、设备等生产资料；如果10个产品共用一条生产线，场地、人员，包括一些共用设备就只需要投资一次。再有一点，就是管理更便利，管理10条线跟管理1条线，孰难孰易，一目了然。

但也不是所有的产品都能并线。首先，工艺上完全没有共同性（或者主要工艺没有共同性）的产品就没有办法考虑。另外，要考虑产量和产能要求。如果产能无法满足客户需求，就不要急着并线。除此之外，能够并线就尽量考虑并线吧，毕竟网不要撒得太宽，在任何时候都是一件好事。

第5章 拉动生产

CHAPTER 5

大批量生产的思维认为生产得越多、越快，生产的成本就越低。如果孤立地、从单件的直接成本角度去看的话，这样说是对的。但如果从整个价值流来看，结合其上下工序，你会发现，它往往只产生一个结果——过量生产，而由此产生的实际成本（呆滞、延误、贮存、不良）远远超过那所谓的"效率"。

精益生产的价值流区别于大批量生产价值流的最显著之处，在于它坚持将注意力放在避免过量生产上。在精益制造中，真正的目标就是——让一个过程仅在下一个过程需要时才制造所需要的产品。如果从最终顾客发出需求到进购原材料，所有过程都能有序地连接起来，并形成一种没有迂回的、平滑的流动，自然会产生更短的周期、更高的质量和和更低的成本。

如何将整个价值流连起来呢？基本的工作逻辑如下：

- 建立一个统一的节拍时间，用来驱动整个价值流的生产；
- 建立一个定拍工序，用来发动生产节拍；
- 只将均衡生产计划发给定拍工序；
- 在可行的情况下，尽可能建立连续流生产；
- 在无法建立连续流的地方，建立超市来拉动上游工序的生产。

现在，我已经建立了节拍时间，也建立了定拍工序（装配线）。虽然均衡生产计划还没有得到充分应用（均衡计划成功应用的前提是各流程都已经具备实现均衡生产的能力，而目前还没有，所以只是将每天的生产总量保持在均衡状态），但也是可以考虑如何从定拍工序向上游工序进行拉动的时候了，或者说，至少能够以拉动的思路来逐步理顺上游工序的生产。根据拉动的基本逻辑，结合未来价值流图，构想的拉动路线大致如图5-1。

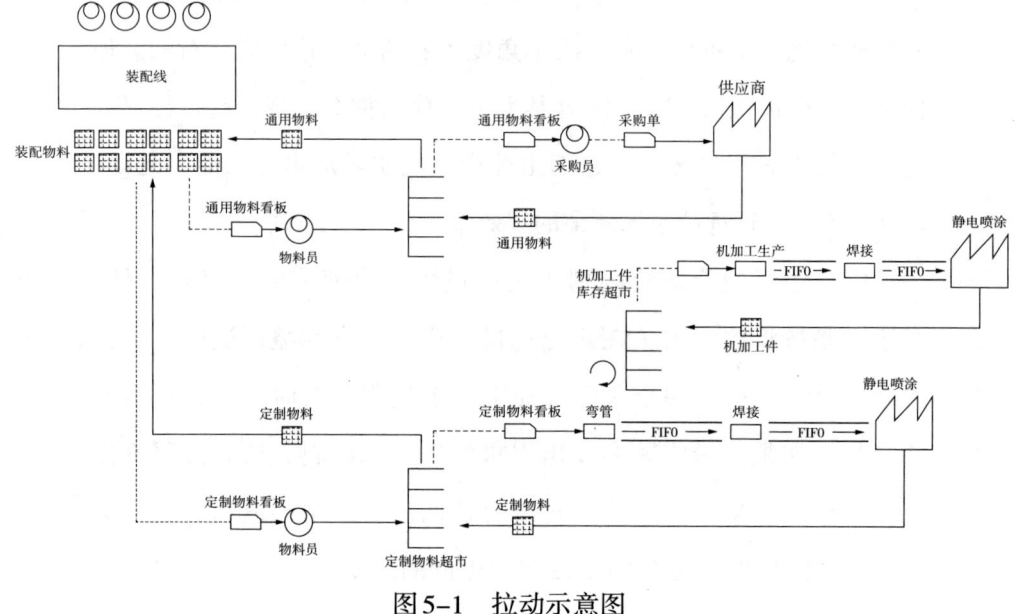

图5-1 拉动示意图

- 装配生产消耗物料，向物料员发出物料需求的信号（取货看板）；
- 物料员根据信号到装配物料区取物料并补充到装配线，其中通用物料从通用件库存超市取用，油管主体等定制物料从定制件超市取用；
- 随着物料的消耗，通用件库存超市和定制件库存超市经过仓管员向采购（外购件）和前道工序（自制件）发出物料需求的信号（补货看板和生产看板）；

- 采购员根据看板要求进行采购，前道工序根据看板要求安排生产；
- 弯管工序与焊接工序之间，焊接工序与静电喷涂之间，实行FIFO顺序拉动；
- 弯管工序与前道机加工工序之间设立机加工件库存超市；
- 机加工件库存超市产生的看板，拉动切管工序到机加工工序的生产；
- 切管工序与扩口镦筋工序，扩口镦筋工序与车床加工工序之间，实行FIFO顺序拉动。

本章接下来逐一简单说明图5-1中的各个拉动是如何逐步实现的。值得注意的是，在向上游工序拉动之前，首先还需要实现装配线内的稳定生产。因为只有定拍工序能稳定地生产后，才能向上游工序发出稳定的拉动节拍，驱动上游工序按节拍生产。

5.1 装配线的生产控制

现在，装配线已经整合成一条单件连续流生产线。常规的生产控制如人员培训、机器维护、物料质量控制、标准化作业等，和传统生产本质上没有差异，只是可能更细致一些。这里主要说两方面的事情，一个是JIDOKA（自働化），一个是生产指令的流转。

JIDOKA（自働化）

何为JIDOKA？在LEI编写的《精益术语汇编》一书中有详尽的解释，但也因为详尽，所以反而没有重点。我个人更倾向于TPS中关于JIDOKA的定义：包含人的因素的自动化。其中，人的因素就是指人的判断力和人的控制力。判断力是指对合格与不合格的判断力，以及对正常与异常的判断力；控制力是指停止生产的能力以及报警的能力。总结起来，JIDOKA就是——让机器和生产线具有判断产品质量（合格或不合格）和过程状态（正常或异常）的能力，并在不合格和/或异常发生时报警，同时停止运作。

JIDOKA的对象起源于机器，但不只包含自动机器，也包含手工操作线。通常如果要让自动机器具备这种功能，可以加检测装置和传感器；而在手工操作线上，可以通过配置检验工装、治具、人员培训等来实施产品检测和停线报警。至于报警系统，广为人知的就是ANDON（安灯）。

现在摆在我眼前的是一条机器加手工操作的装配线。毫无疑问，最佳的选择是让所有的机器都具备JIDOKA。问题是做不到。首先是缺乏自动检测的技术，其次是当时的成本和时间都不允许，另外这几台机器其实都说不上是自动化机器，每次操作仍需要人的介入（比如按一下开关），所以综合起来，当时没有在机器的JIDOKA上大动干戈。既然机器上暂时没有找到应用JIDOKA的前途，那就只能在人的因素上做文章。说穿了，就是要在生产中加入人的主动检验，并根据检验的结果做出生产还是停线的判断。

传统的生产质量控制中也经常强调自检、互检、专检，但能执行下去的往往只有专检，原因没有别的：公司没有为自检和互检付钱。

但在JIDOKA中的检验不一样。首先，工厂会为这样的检验付钱，因为这个检验动作会直接明确在标准作业中，并赋予指定的时间，比如图5-2中的步骤12，就是一个检验动作；其次，检验的标准和动作都非常明确，大部分情况是通过图5-3那样简易可靠的检具和防错工装来实施，纯粹靠人的技能和经验的情况很少；最后，所有的检验动作都是经过培训和长期验证有效的。在这种情况下，哪怕是人为的检验动作，也比传统生产中的自检互检可靠得多。

虽然这样做了，也并不是说实践起来就没有障碍。毕竟产品不良和过程异常并不是经常发生（如果发生的频率很高，那就是过程能力不足，需要立即改善过程），所以操作员在按程序操作一段时间后就会不自觉地认为质量检查是多此一举，有意无意跳过必要的检查阶段。为此我整日待在现场，时刻关注是否按标准作业工作，一有不符合马上提出，然后苦口婆心地劝导，反复强调了很多遍，最终才慢慢形成习惯。

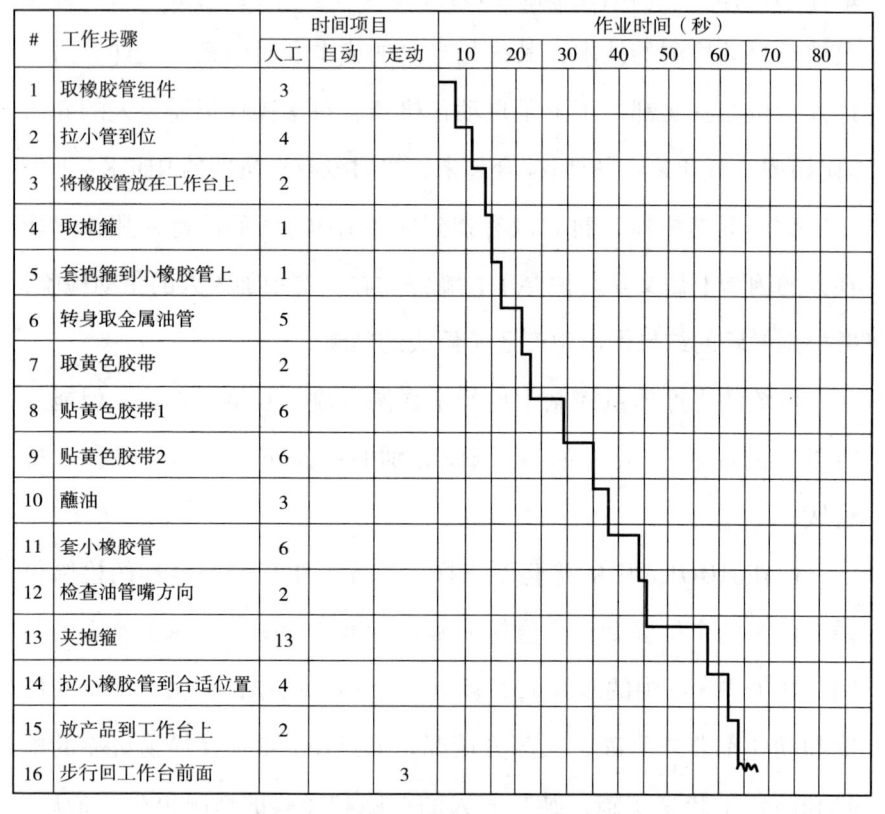

#	工作步骤	时间项目			作业时间（秒）						
		人工	自动	走动	10	20	30	40	50	60	70	80
1	取橡胶管组件	3										
2	拉小管到位	4										
3	将橡胶管放在工作台上	2										
4	取抱箍	1										
5	套抱箍到小橡胶管上	1										
6	转身取金属油管	5										
7	取黄色胶带	2										
8	贴黄色胶带1	6										
9	贴黄色胶带2	6										
10	蘸油	3										
11	套小橡胶管	6										
12	检查油管嘴方向	2										
13	夹抱箍	13										
14	拉小橡胶管到合适位置	4										
15	放产品到工作台上	2										
16	步行回工作台前面			3								

图5-2 检验动作加入标准化作业

工人们起初也不习惯发现问题后的处置方式。我要求的是发现问题，马上停线，报告问题，由线边人员来处理。但工人们认为这样做太过于机械教条。他们比较统一的说法是，"小问题自己修理修

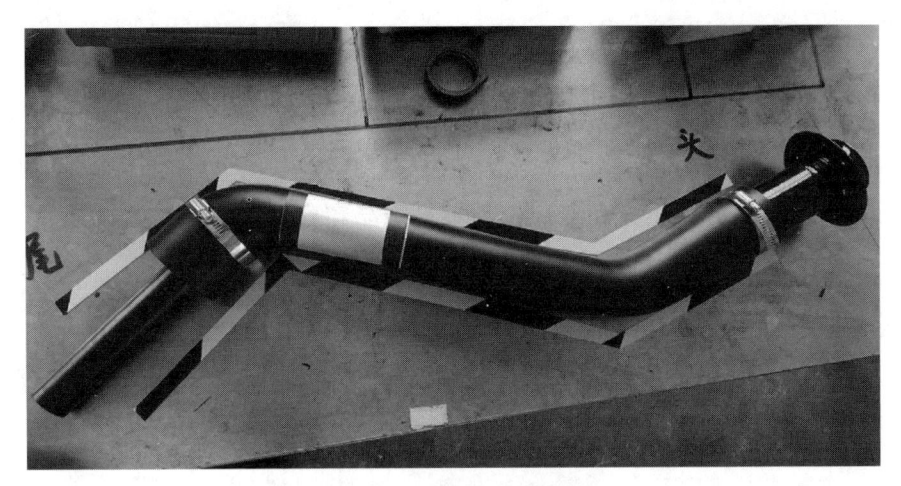

图5-3 简易的形状检验

理得了,如果搞不定,自然会通知管理人员。如果一有问题就停线,会非常影响效率。"这样的说法在批量生产时是有道理的,但在精益生产中却行不通。因为除了缺陷预防、质量保证,JIDOKA还是一个暴露问题的工具。我们需要通过JIDOKA来暴露问题,进而找到问题的根源,来帮助改进质量;员工像这样自告奋勇把问题"藏起来"悄悄解决,在精益生产中反倒是不受欢迎的。因为观念上的分歧,这个做法经过了很长一段时间的磨合,大家才慢慢接受。

要让JIDOKA概念成功应用到生产制程中,大致可以按下列步骤来实施:

- 选择一个流程;
- 明确JIDOKA生产的目标状态(理想状况);
- 消除典型问题,使流程达到合理的稳定状态(这一点非常重要);
- 流程标准化;
- 确定关键的质量控制点及对应的质量标准(包括产品和

137

过程);
- 使机器有能力识别不良产品和异常过程,并能自动停线和报警;
- 使人员有能力和意识识别不良产品和异常过程,并能自动停线和报警;
- 建立清晰、明了的报警系统(不能依赖广播系统);
- 建立问题解决的程序和时间要求(如现场主义);
- 指派解决问题的人员;
- 将质量水平纳入流程绩效考核,并作为第一个重要的指标;
- 试运行。

最后,要成功应用JIDOKA,首先一定是要让你的过程有能力。否则,无论你的自动检测、停线、报警有多先进、多灵敏,最终也无法带来更好的过程绩效。

生产指令的流转

装配线是融合了160款产品的混合生产线,一个班次中在线上切换3~5款产品是很正常的操作。那怎样来确保生产线上的操作员知道何时生产何种产品呢?

用生产计划当然是可以的(事实上也有每日生产计划,如图5-4),但如何让每一位工人都能及时准确地根据生产计划的信息做出生产调整?靠管理人员发指令当然也行,但指令如何做到及时准确且全面覆盖?如果在必要时辅以额外的语言沟通,又如何保持每次沟通都及时、准确、有效?

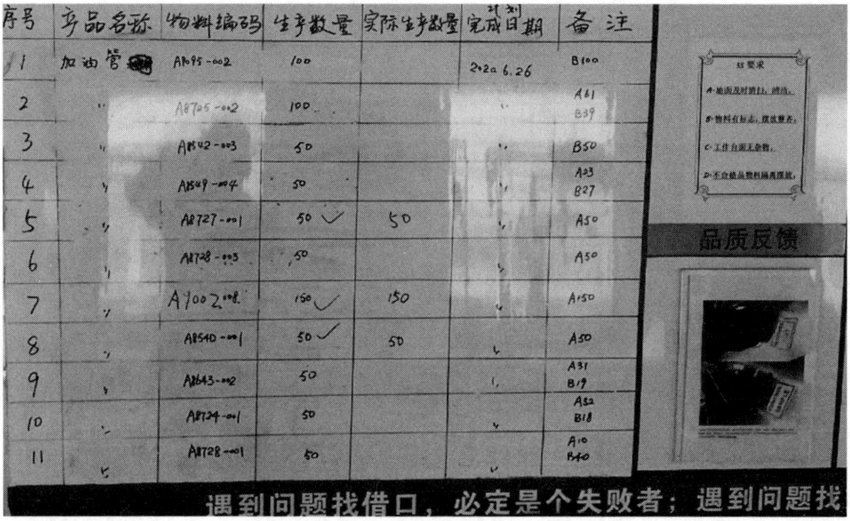

图 5-4　现场每日生产计划

这些传统的沟通协调方式都不是精益生产的正常之道，因为这些行为都需要在正常生产之外付出额外注意力和动作，还不能始终保证及时、准确、有效。精益生产追求的境界是有一只"看得见的手"来统一所有人的行动，这只"手"，有且只能有一只。它就是看板，虽然不一定总是叫作看板。

单工序生产的看板，可能容易理解一些。一张卡片到达工作机台，操作人员拿起看板，阅读理解，并按看板的要求生产，整个过程是自然合理的。实际上流水线上的看板也是类似的，只是会在更短的时间内流经更多的生产岗位。

当年在 HERMAN MILLER，这个看板的名字叫 MANIFEST，其实就是一张带背胶的纸片，上面跟生产计划同步印有订单号以及产品的型号、名称、规格、颜色、配置、数量（默认为 1）等。就是这样一张小纸片，串起了整个装配线的生产。

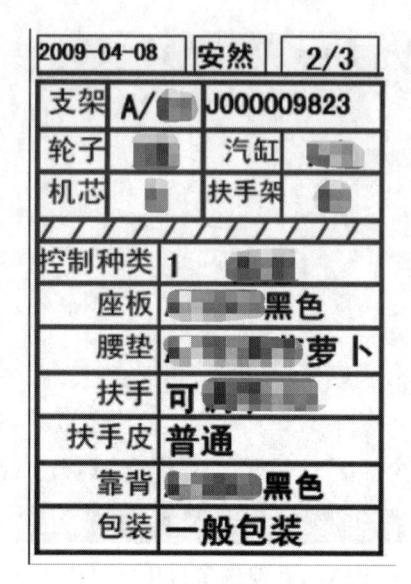

图5-5　HERMAN MILLER装配线上用的MANIFEST

这些MANIFEST卡片的基本工作程序是这样的：

- 生产部计划员根据生产计划提前打印好卡片，并按顺序放置在第1个工位。因为是单件流生产，所以每一个产品都对应一张单独的MANIFEST（不是每一个订单对应一张MANIFEST）。

- 生产时，第1个工位操作员先拿起这张卡片，阅读后开始生产，然后将卡片粘在产品的一个固定部位。

- 卡片随着产品流经整个流水线上所有工位，到达每一个工位时，操作员先阅读卡片，然后才选取对应的部件进行组装操作。

- 到达包装工序时，操作员在阅读后将该卡片撕下，卡片使命结束。

单看文字，过程好像很复杂，每次都阅读指示再操作似乎违背常理，也无法有效生产。但经过有针对性和系统化的培训后，操作员只要瞄一眼就会自然做出正确的反应。在这种模式下，一张卡片就能串联起整个流水线上的操作，不再需要额外的沟通和说明。

我现在就需要这样一种生产看板来拉动生产，因为师承HERMAN MILLER，所以也就采取了类似的方法。但在HERMAN MILLER，有一个完善的生产系统和足够的人力资源来快速准确地将生产计划转化成一张张MANIFEST，这里却还不行。每天的产品个数在700左右，如果要做700张看板来实现单件流生产，确实有点勉为其难，一来没有太多时间，二来也想节省一点纸张，所以就"投机取巧"，暂时弄个简化版。

这个简化版就是为每个订单做一张看板。每天的订单个数在15~25个，每个订单内的产品型号客户要求都是一致的。这张卡片的内容包含生产需要明确的基本信息（如图5-6）。

20210917生产看板5	
生产顺序号	JD20210917-5
订单号	JD2021090045
产品编号	01.A9XXX.001
产品名称	XX加油管
客户名称	XXXX
数量	48
印字要求	XXXX
其他要求	XXXX
工位1	套橡胶管，贴胶带
工位2	锁抱箍，贴导电片
工位3	印字，包装

图5-6 生产看板

卡片的正常工作方式是这样的：

- 生产指示卡片按生产顺序摆放在装配生产看板槽中，物料员按顺序将第1个订单的卡片依次放置在第1工位的卡片槽中。
- 生产开始时，第1个工位操作员先拿起这张卡片，阅读后将卡片传递到第2工位，然后生产准备，如换模、工装调整等。
- 第2工位操作员接收到卡片后，阅读卡片，然后传递到第3工位，进行生产准备。
- 第3工位操作员接收到卡片后，阅读卡片，然后将卡片放置在回收处，并进行生产准备。所有生产准备都应在一个节拍内完成。
- 物料员在回收处回收一张卡片后，会将下一个订单的指示卡放在第1工位的卡片槽中，如此往复。

这张卡片是由EXCEL生成，通过设置几个简单的公式，针对每个具体的生产计划，只需要输入产品型号、订单号和生产数量，卡片就自动生成，生产计划员每天只需要在下午下班前打印出来，按顺序插入现场的生产卡片槽就可以了。这样的工作流程没有什么技术难度，普通文化程度的人也可以做到。

综合看来，这个生产顺序是由物料员根据生产计划来掌控的。为什么由物料员掌控呢？因为物料员需要根据生产计划来备料，并且自行掌控备料的进度，所以由这个人根据备料的顺序和进度来控制生产看板在现场的投放就更顺理成章。这样可以保证物料和生产任务同步到达生产现场，避免两者在现场不一致或不协调。

而物料员自己，也是根据一个备料看板来备料的当一个订单的物料备完之后，物料员要自然而然转向下一个订单。那么，指导物料员的看板又是什么样的呢？

5.2
装配线的物料拉动

生产控制初具雏形，接下来就是考虑物料供给的问题了。

精益生产方式中，物料的供给配送也采取拉动的模式。拉动的方式就是后道根据生产的进展向前道发出需求信息，前道根据收到的信息及时供料或及时安排生产。这个信息的载体或者说传递信息的工具，在精益生产中就是看板。

备料看板的标准工作模式如下：

- 备料看板附在容器（很多时候，容器本身就是看板）或物料上；
- 带有看板的物料或带有看板的容器转移到下道工序的入口；
- 当下道工序开始使用该物料时，看板就被取下，放在看板盒或回收槽中；
- 看板进入看板盒或回收槽就意味着新一轮的备货需求被触发；
- 备货人员从看板回收处回收看板，然后按看板要求备货。

传统生产通常是通过人为的干预和协调来实现需求到供给的"无缝衔接"。保持额外的管理关注、提供额外的资源，并不是不可以——很多时候，尤其在开始阶段，需要额外的辅助来实现流程的正常运转，比如配置足够多的备料人员，或要求操作工人提前发出"警报"。但这种行为都需要额外的人为动作和注意力，长期应用就会有问题。只需是标准化之外的要求，就无法形成每日的工作日常。短期的行政压力消失后，实施这些要求的动力也会逐渐消失。这种现象跟某些质量问题的高频次复发有很大关系。在工厂，当某个质量问题按计划的措施改善后，改善行动实施之初，效果通常都是显著的；但风平浪静一段时间之后，同样的问题和意外总会不出意外地再次发生。

通过额外关注和投入来解决供给，还有一个现实中的可操作性问题。如果只要求操作员来关注自身物料的变化，并提前发出"预警"信号，那怎样保证每个操作员都能在正常的生产活动之余，还能周期性地提前关注自身物料的状况，并提前发出"警报"呢？如果要求由物料员纯粹通过自身的专注来关注相关工位的物料的变化，效果也往往不会很好。工厂总不可能配置过多冗余的物料员，这样做既不经济，又极为荒谬。

关键还是要创造一个能摆脱人为干预、自动发出需求的物料补给配送系统。在精益生产中，这个系统并不复杂。图5-7展示的就是一种经典的生产线物料拉动方式。物料和看板（容器本身就是看板）通过重力自滑道自动传送到操作员面前，然后看板又通过重力自滑道自动进入回收槽中，向备料系统发出信号。物料员接收到看板后，按看板准备物料。而在物料员准备物料的同时，生产系统中还保持适当数量的物料以维持一段时间的正常生产，直到按要求补充的物料进入生产系统（这也是大名鼎鼎的"两箱法"的基本逻辑）。

图5-7 装配线上的看板流动方式

这个简单的系统首先解决了需求信号自动产生、发出和接收的问题。这个系统不需要额外付出专注和干预，利用物料和容器自身的重力就完成了需求到补给的循环。

还有一个问题也需要解决，就是每次备料的数量。传统的生产思维倾向于一次性将一批或者全天生产所需要的物料全部准备到工作位附近，以减少周转和折腾。动机当然是好的，但后果并不完美。这样做会产生诸多不可避免的负面影响，比如占用资金，占用场地，生产周期长，对质量问题反应迟钝，对市场需求反应迟钝，订单切换时间长，发生问题时现场混乱等。

除了导致这些屡见不鲜的问题，我认为大批量投放物料的方式有一个本质上的缺失——缺乏标准化。如果每一次投入的物料是一个比较大的批量，但是数量是固定的，哪怕是出现了前面提到的那些问题，至少可以形成一个稳定供给；而在稳定的供给下，或迟或早，我们都能注意到批量大的问题，进而采取措施逐步改善它。但如果供给的规则就是按订单数量一次性投放充足，那么这种供给就是不稳定的，因为订单量并不稳定。而在不稳定的场景下，就不容易找到改善的方向和突破口。我有些固执地认为，传统生产和精益生产最大的区别就是生产与标准化的关系。传统生产中没有标准化也是可以勉强进行的，所以认为额外的沟通、调整、妥协和将就都是正常的。而在精益生产中，没有标准化，就没有精益生产，所以标准化是必须的。

综合起来看，整个订单一次性投料的方式虽然看起来简单，但与精益生产的原则背道而驰，不能使用。既然大批量行不通，那就用小批量。这样的思路简单直接，但不能忘记要同时解决另一个问题——如何在小批量供给的情况下避免生产线断料，还要避免增加不必要的搬运劳动力。这是物料供给最基本的要求。所以对于看板而言，还有一个关键信息，就是数量。与前面提到的装配线上生产看板的信息不同的是，每个订单的生产看板只有一张（一张看板拉动一个订单的生产）。而同一个订单的物料配送则需要拆分，根据若干个数量相等的备料看板来进行分批次投放。若干次投料，就要适当确定每次投料的数量，以保证生产线不缺料，同时还经济、方便、易于操作。所以，关键在于如何确定一个适宜的量。

确定数量的基本步骤如下：
- 确定装配线的生产节拍TT；
- 确定各类物料的存储地点；
- 确定物料的取放路线；
- 确定补料所需的周期时间（从收到信息到补足所需物料的时间），t；

- 计算一个补料周期内，装配线的产出和每个物品的消耗量：$Q=(t/TT) \times L$，其中L是某个物品对应的BOM用量。这个Q就是该物品每次补货的基本数量。然后再考虑生产中的最小拉动量，做一些调整，以保证生产的顺畅进行。

根据这个逻辑，现在这条装配线的TT=60秒，补货周期=18分钟=1080秒，所以每次补货量=1080/60=18，也就是说，每一个补货周期，装配线会装配18个成品，那么每种物料都会消耗18套的量。根据每种物品的BOM用量，就可以得出每个部件每次备料的数量。同时因为大部分产品一个外箱装6套，所以18个的周期配送量也刚好是3箱成品的生产周期。这样看来，18套的这个批量，在这一阶段是可以接受的。

当然，这个批量还要结合物料的物理特性、尺寸等综合考虑。比如加油管主体的尺寸较大，所以在油管物料架上，排18个还可以；但对于那些通用的五金件，比如铆钉、螺钉等，用18套的数量来循环备料则没有意义。像这类通用五金件通常的最小包装量都是大几百个，如果每次还要费心挑出18个，完全没有必要。在这种情

备料看板		
物料代码	I03XXX	
物料名称	油管主体	
数量	随备料表	
前道	装配物料区	
位置	装配06-04-03	

取货看板		
物料代码	2.A8552.006	看板是公司
物料名称	不锈钢导电接头	受控文件
物料地址	Z-A-1-4	按要求使用!
数量	1000	
容器	A盒	前工序：仓库
取（送）货时间		后工序：组装
看板编号	JD-K-Z-0001	

图5-8 备料看板（定制件）　　图5-9 备料看板（通用件）

况下，结合最小包装容量的"两箱法"通常是最适宜和经济的。

看板本身，是一张带有一定信息的小卡片。上面的信息包括如物料编号、名称、规格、前道工序、后道工序的地址等。

如果一条生产线只生产一种产品，那么备货需求被触发时，看板的流转就会简单、容易一些。因为进入看板盒或回收槽的看板可以作为下一次的备货看板，立即进入下一个循环，如图5-10。

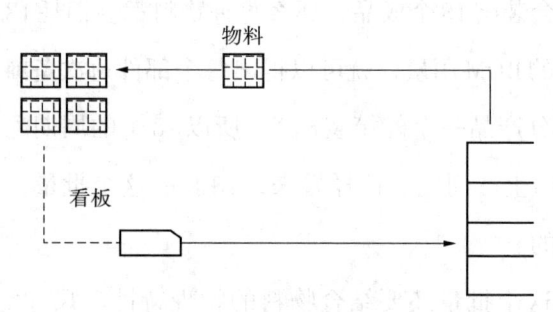

图5-10 单一生产线时看板流转示意图

但如果是一条混合生产的生产线，则要稍微曲折一点。假如生产线的生产顺序是AAAAA，BBBBB，CCCCC，DDDDD……那么备料的顺序（看板的顺序）跟生产的顺序一致，也是AAAAA，BBBBB，CCCCC，DDDDD……每一种物料的看板都不能立即进入下一个物料循环。这种情况下，当一张看板被回收时，下一轮物料需求被触发，但具体是什么物料、数量多少则还需要结合其他信息来进一步触发。如图5-11，看板回收后并不立即参与下一个物流循环，而是进入等候队列，而次序靠前的看板则被触发，依次进入物料循环。

像加油管主体这些定制物料，也需要应用这种方法来处理，但我不想为每种物料都制作一张独立的看板，我也怕麻烦，所以"投机取巧"地用了图5-12的备料表。

物料

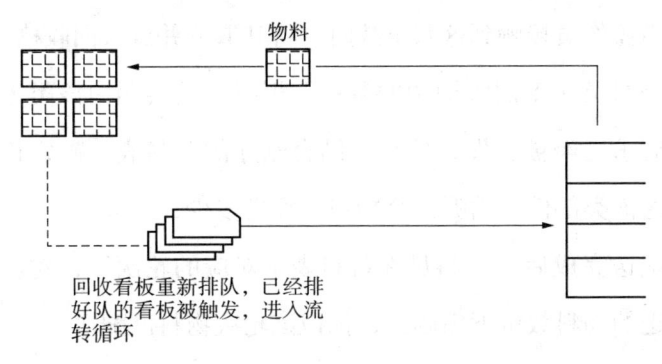

回收看板重新排队，已经排好队的看板被触发，进入流转循环

图5-11　混线生产时看板流转示意图

产品编号	1.4.001.A8506-0004	产品名称：	A8506加油管			客户：××				
本次批量	108	订单号：	JB20100008			生产日期	2021/1/15			
BOM代码	描述	规格型号	用量（个/根）	单位	1	2	3	4	5	6
2.A8506.002	主体电泳件	黑色电泳	1	个	18	18	18	18	18	18
2.A8549.005	拉深件组件	按装弹片	1	个	30	30	30	18	0	0
5.05.162	2#纸箱	360×140×120（外尺寸）	1	个	18	18	18	18	18	18
5.02.064	PE袋	200×500×0.08	1	个	18	18	18	18	18	18
5.05.260	2#纸箱外箱（装6只）	380×450×260	1/6	个	3	3	3	3	3	3

图5-12　备料表1

这张表中，最大的特点是根据每一个订单，将所需的同种物料分成18套的小批量进行配送，同时确定了每次备料的数量和顺序。这张表根据具体订单生成，所以是一次性的，用来指导每一个具体订单的备料。但是，光有这张表还不行，因为在现场，物料员并不知道每种部件是什么时候需要。这张表从本质上来说，还是根据计划产生的，但精益生产中，物料需求不能由计划触发，而是取决于现场发出的拉动信号。所以这张备料表还要结合现场的备料看板来使用。

看板与备料表的配合工作方式如下：

- 每次备料时，看板附在对应的零部件上，送到装配现场指定的位置；

- 当操作员接触到这张卡片时,将其取下并放入回收槽;
- 物料员拿到回收槽中的备料看板时,就会明白该类零部件的需求已经被触发,然后,结合刚才的备料表,确定接下来配送该类部件中的哪一个物料,配送多少;
- 配送完成后,物料员在备料表中对应的轮次下,对已完成配送的物料数量下面画钩,标识该轮次物料已配送。

这样做,虽然有点多此一举,但通过生产节拍拉动了装配生产线的物料流动,并在一定程度上保持了备料节拍的稳定。虽然很多时候订单量还不稳定(当时还没有进行均衡生产计划),不能保证每次备料的数量都是18的整倍数,但后果无非是最后一次备料的数量不均衡,这在当时,也算是可以接受了。

当然,如果一个订单的批量小于18套,或者订单最后一次备料的数量不够18套,那么备料就要一次性备齐所需的数量(如图5-13),这样固有的备料节拍就被打断。这是在彻底实施均衡生产计划前的一个小毛病,暂时无法避免。

总而言之,有了这样的一张卡片,整个装配线生产小系统就被业务需求和装配生产的进展自动串联起来了,无需过多的人为干预。

产品编号	1.4.001.A8506-0004	产品名称	A8506加油管		客户:XX				
本次批量:100		订单号:JB20100008			生产日期 2021/1/15				
BOM代码	描述	规格型号	用量(个/根)	单位	1	2	3	4	5	6
2.A8506.002	主体电泳件	黑色电泳	1	个	18	18	18	18	18	10
2.A8549.005	拉深件组件	安装弹片	1	个	30	30	30	10	0	0
5.05.162	2#纸箱	360×140×120(外尺寸)	1	个	18	18	18	18	18	10
5.02.064	PE袋	200×500×0.08	1	个	18	18	18	18	18	10
5.05.260	2#纸箱外箱(装6只)	380×450×260	1/6	个	3	3	3	3	3	2

图5-13 备料表2

— 5.3 —
线边超市——通用物料

库存超市拉动系统是拉动生产中最基本、最广泛的类型，究其原因，就是它简便、好用还有效。装配线上的物料架本身就是一个小小的库存超市，只是产品数量不多而已。在库存超市中，一定量的材料被取走后，对应的看板就会被送到上游，触发补料、生产、采购等行为。这种工作方式最大的好处是能保证生产正常进行（不会断料），同时管理简单，一目了然，也更容易发现改善的机会。

在L先生的工厂，装配车间在3楼，物料仓库在2楼，日常的物流运输和周转通过一部载货电梯进行。以前的发货方式是根据生产计划，每天一次性地将所需要的装配物料全部配送到装配现场。前面已经分析过，这种方式看起来简单，但实际上会导致很多现场管理的问题，所以肯定是不会再采用了。但是，如果按照前面备料表上的计划，按照每次18套物料的频率进行配送，那么一天的物料配送下来，人能否受得了先不说，那部老旧的电梯估计都会散架，所以还得折中处理一下。折中办法就是在3楼装配线旁边另外规划出一个周转仓库，也称为线边超市。

库存超市理论上都是属于前道工序。在L先生的工厂，通用件大部分来源于采购，采购回来的部件直接进入仓库保管，所以在管理关系上，库存超市是属于仓库的。线边库存超市就是指在生产线旁边设置一个小规模的存储空间并存放适当数量的物料，以便生产过程中可以快速获得生产物料，同时这里存储的物料的存货库存是按"超市"的方式进行管理。这样可以极大程度地满足生产需要，还能有效减少物料进出大型仓库的频次和时间。

生产物料虽然种类繁多，规格不一，但大体上可以分为通用物料和定制物料两类。通用物料，顾名思义是指两种或两种以上产品共用的物料。而定制物料是指只应用于某一特定产品的物料。

我按照这个方式将物料大体上分为两类，一类是螺丝、铆钉、密封圈这样的通用件，另一类是油管主体、拉伸杯这样的定制件，所以也就计划建立两个线边超市，一个为通用件超市，一个是定制件超市。

从通用件开始的理由

选择从通用件开始的原因很简单。首先，库存超市成立的物理条件之一就是要有库存，而通用物料通常都会长期保持一定量的库存，这样就不需要额外的库存投资，对于工厂来说，也就容易接受一些。

其次就是实践过程中风险相对比较低。生产过程中最怕是没有合适的物料，所以做任何库存控制改善时，确保不缺料是关键中的关键。巧妇难为无米之炊，生产物料有点小问题，机器出点小故障，人少了一到两个，生产总是可以进行下去的；但如果没有物料，生产就只能停止。

通用物料通常都是一些标准件（当然也有定制件，具体情况具体分析），在生产和市场上都相对容易制造也容易获得。这样，万一有什么闪失，偶尔出现快要断供的情况，补救起来也快一些。

另外，成本相对较低。通用件以小件居多，这样在实施看板初期，尤其是对于首次导入精益的企业，看板制作的技术难度和成本都要低很多。比如制作一种螺母的看板，只需要准备几个标准的物料盒就可以了；但如果是一件造型奇特、体积尺寸相对较大的产品，那么在转运工具、存放货架、取放方式方面都要多动好些心思。

大野耐一说过："运动与工作有许多共同点，而我认为最主要的共同点是：无论是运动还是工作，都需要反复练习，反复训练。问题不在于用头脑去理解道理，而在于通过实践切实记住。只有经过坚忍不拔的训练，才能在比赛中获胜。"

精益生产实践要想成功，最主要在于持续尝试，而尝试时要尽可能降低犯错成本。要由简到繁，由易到难，从容易的、低风险的、低成本的地方入手。总而言之，小步快跑，谨慎从事。

建立通用件库存超市的步骤

首先，确定通用物料的范围：

- 应用于一种产品以上的物料；
- 体积小、数量多、难清点的五金件，如螺栓、螺母等；
- 价值不高；
- 适用于单一产品，但使用量大，周转频率高的物品。

根据以上这些自撰的定义,我首先筛选出了36种通用物料。

然后,确定各种物料的基础信息,包括编号、品名、规格、尺寸、最小包装量、日消耗量、来源、采购/生产周期、安全库存量等,并将这些信息整理到一张表格中。

接下来,确定看板数量和每张看板的容量。这个可以根据一些经典的看板公式进行计算,但我并没有花太多的心思。从形式上就是取法最简单的两箱法(TWO-BIN SYSTEM),每种物料备两个装载量相等的箱子。每个箱子的容量根据下列公式计算:容量=每日需求×补充周期+安全库存。基本的原则是保证在补货周期中间有足够的物料支持正常生产,同时还有一定的安全库存来应对突发的异常状况。

物料名称	适用型号款数	最大容量	分类	生产、采购周期	6个月消耗量	安全库存	最小包装数量	看板1	看板2	看板3	标准箱规格	前工序	线边仓	后工序
376 单耳无极卡箍	X	X	外购	X	X	X	X	50	50		F	线边仓	Z-A-04-3	装配02-01-03
331 单耳无极卡箍	X	X	外购	X	X	X	X	50	50	50	F	线边仓	Z-A-04-4	装配02-01-05
橡皮圈(8mm)	X	X	外购	X	X	X	X	500	500		F	装配自制	Z-A-04-5	装配02-02-01
橡皮圈(6mm)	X	X	外购	X	X	X	X	500	500		F	装配自制	Z-A-04-6	装配02-02-02
橡皮圈(4mm)	X	X	外购	X	X	X	X	500	500		F	装配自制	Z-A-04-7	装配02-02-03
弹片	X	X	自制生产	X	X	X	X	200	200		D	线边仓	Z-A-03-2	装配02-03-01
弹片	X	X	自制生产	X	X	X	X	200	200		D	线边仓	Z-A-03-2	装配02-03-02
弹片	X	X	自制生产	X	X	X	X	200	200		D	线边仓	Z-A-03-1	装配02-03-03
1.5mm²胶胶电线	X	X	外购	X	X	X	X	1	1		D	线边仓	Z-A-01-6	装配02-04-01
镀锡铜编织带	X	X	外购	X	X	X	X	1	1		F	线边仓	Z-A-01-5	装配02-04-02
不锈钢导电接头	X	X	外购	X	X	X	X	500	500		D	线边仓	Z-A-03-4	装配02-04-03
M6 平垫片	X	X	外购	X	X	X	X	500	500		F	线边仓	Z-A-02-1	装配05-01-01
十字槽平头螺丝	X	X	外购	X	X	X	X	500	500		E	线边仓	Z-A-02-2	装配05-01-02
M6 防松螺母	X	X	外购	X	X	X	X	500	500		E	线边仓	Z-A-02-3	装配05-01-03
铁铆钉镀锌	X	X	自制+外发电镀	X	X	X	X	500	500		F	线边仓	Z-A-02-4	装配05-02-01
D6*6 镀锌铆钉	X	X	自制+外发电镀	X	X	X	X	500	500		F	线边仓	Z-A-02-5	装配05-02-02
扎带(A8703)	X	X	外购	X	X	X	X	1000	1000		F	线边仓	Z-A-03-5	装配05-02-03
XXX 通用标签	X	X	自制生产	X	X	X	X	1	1		B	销售跟单	Z-A-03-6	装配06-01-01
XXX 正唛标签	X	X	自制生产	X	X	X	X	1	1		B	销售跟单	Z-A-03-7	装配06-01-02
XXX 警告标签	X	X	自制生产	X	X	X	X	1	1		B	销售跟单	Z-A-03-8	装配06-01-03
MADE IN CHINA 标签	X	X	自制生产	X	X	X	X	1	1		B	销售跟单	Z-A-03-9	装配06-01-04
XXX 正唛标签	X	X	自制生产	X	X	X	X	1	1		B	销售跟单	Z-A-03-10	装配06-01-05
封箱胶带	X	X	外购	X	X	X	X	1箱	1箱		B	仓库	Z-A-03-11	装配06-03-01
通用油管袋	X	X	外购	X	X	X	X	1卷	1卷		B	仓库	Z-A-03-12	装配06-04-01

图5-14 通用件物料信息表

两箱法的好处是操作简单,容易理解,毕竟简单的才是世界的。但简单不等于简陋,就如同篮球的挡拆战术,看起来简单之极,但应用时却可以千变万化，极其有效。至于每个箱子的容量大小等问题，则可以边实施边改善。拉动系统要想应用成功，高度依赖于一种简明高效的控制方法——可视化控制。两箱法就是可视化管理的经典应用。两个箱子都有物料就表示储备充足，空箱子就表示需要补货（生产），补货的数量就是将空箱子填满就行。真没有比这更容易理解的需求信号了！

然后，确定看板的形式并制作。这个要根据产品的特性以及看板承载的数量，具体情况具体分析。大部分情况下，直接就用一张张卡片即可；但如果可行的话，尽量用一些具体的容器和实物来表示，这样效果更好、更直观。看板，本质上是将物料需求信息可视化，所以最好是让人看一眼就懂。可以将卡片直接附在物料的容器上，也可以考虑使用实物加卡片（这样更直观），还可以在容器上附上物品的照片。总之，在保证基本信息的前提下，尽可能增加可视化的效果总是没有问题的。

图 5-15　看板附在物料容器上

然后，为每种物料准备合适的容器。容器没有一定之规，只要本着方便取放、经济、适用、易获得的要求就可以。有些物料还不需要什么额外的容器，本身就可以参与物料周转，那就不用多此一举。本着省钱、省事的原则，只要能正常参与物料周转就算成功。

图5-16 看板上加上图片

图5-17 直接利用回收纸箱用作物料容器

我这次也大部分是就地取材，选用了一些采购物料的包装纸箱，加上看板信息就开始使用了。

然后，建立仓储方式。这里主要是明确各类物料的存放位置、取放方式等。确定物料的存放方式时，遵循常识，以方便取放为目标即可。比如，重的物品放下面，轻的物品放上面，使用频率高的放在最显眼、最容易获取的位置，反之则可以放在中间一点。

至于物品的取放，个人认为有两点基本要求要满足。

一是补充物料和取用物料不能在同一个方向。这样主要是为了避免取料和补料的冲突（很多情况下，取料和补料是由不同的人来执行），从而可以极大地提高双方的效率。物流路线的冲突和干涉很多时候在工厂里都不被当作一个大问题，通常认为只需要简单的沟通和相互避让就可以了，这在精益生产中是需要克服的思维。在一个高节拍生产的场景下，要尽量避免任何意外情况导致生产中断。正常的生产应该像一台高速运转的自动化机器，任何冲突都是不能接受的，在生产规划时就要尽量避免这一点。这样做的另外一个好处是能有效地保证物料的先进先出。很多工厂说要保证先进先出，但没有特别现实可行的方法，因为单纯靠人为干涉控制并不能有效实现。而如果让物料的出入口泾渭分明，同时让物料能按顺序从入口向出口流动，那么实现FIFO（先进先出）并不是什么难事。

所以，第二个要求就是物料能够自动按顺序移动。这一点实现起来也不复杂，大部分时候充分利用万有引力（让物料从高处滑下来）即可。将物料架的层架保持合适的倾斜角度，辅以一些流利条装置，基本上就可以很方便地实现。

然后就要考虑看板回收的问题。我这个物料超市的看板都是利用了物料本身的容器，本身尺寸比较大，所以没有设置小巧玲珑的回收槽，而是直接在超市的一侧划定一个区域，规定将所有的看板（空容器）放在指定区域内即可（图5-19的方框）。这样每天仓库人员定期补料时都会将空盒带走，隔天装满物料后再带回来。

图 5-18 带流利条的物料架

图 5-19 划定的空框回收处

关于线边仓用什么材料来构建则没有标准答案。我这次全程自己设计，自己切管，自己组装，手艺活虽然粗糙，但主打的就是一个自力更生、全程手工和个性DIY。最终成型的线边超市如图5-20。

图5-20　通用件线边超市

然后，确定物料超市的位置。原则上，超市要尽可能靠近上道工序，因为看板是为了向上道工序发出物料需求信号，离上道工序越近，信号越直接和直观。但这次，则需要折中处理，因为还要方便装配线按节拍时间的高频取用。折中后，超市的位置设在装配线同楼层的一个空间，位于仓库和装配线之间，兼顾靠近上道工序的原则和装配线取料的便利。

建立线边物料超市管理要求

任何事情，攻城拔寨都是一时之功。要想长治久安，必须依靠切实可行的管理规则（标准化）。只有依靠规则的管理，才能将所有的努力转变为日常行为，才能真正实现可持续发展。所以，当线边仓的物理实体建立后，就要考虑建立必要的管理要求和运行规则。

线边物料超市引起了一个很明显的变化：这些物料搬出了四面高墙、铁将军把门的仓库，置于生产现场一个开放的空间。这引起了仓管员和PMC强烈的恐慌，因为如何确保物料不被随意取用是一个很大的问题，这在一定程度上也是仓库存在的意义。

刚刚提出来要建线边库存超市的时候，持最大反对意见的就是仓库主管。仓库主管是一个办事细腻、责任心极强的人，在他看来，这个想法太不着边际。脱离封闭的仓库管理后，如何保证物料不被用于"意料之外"的用途？如何在没有监管的情况，保证物料跟ERP系统一致。

这些担心是有道理的，但也是可以解决的。

我通过一些简明的管理手段解决了这个问题。首先，我建立了详细的管理规则，取用物料都指定了专人（物料员），并要求每星期盘点一次，这样一来，结合ERP系统中的倒冲功能就能很容易地查证物料的实际使用情况。然后，在实施初期的两个星期内，我每天都去抽查盘点物料，及时查证物料流转中的纰漏。同时，为了增加震慑力，还在就近位置安装了一个高清摄像头，每天抽查。这样就完全保证了线边物料超市失控的可能。除了这些管理手段和制度，我也进一步明确了有关看板的一些管理规则，这些规则包括如何释放看板、传递看板、回收看板等。

规则确定下来之后，马上组织必要的培训。毕竟还是要通过员工来实施这些日常行为，光有好的方案，没有人实施也等于没用。培训后还要跟员工一起去工作，通过实际的操作行为来讲解。我跟物料员一起备了一个星期的料，最后才放心让她去做。

超市看板的流转

超市物料看板的触发和流转流程大致是这样的：

- 装配线物料员根据装配线触发的领料看板到物料超市领料，直到触发超市物料的领料看板；
- 装配线物料员将领料看板放置在看板回收处；
- 仓库人员看到领料看板后，收集起来交给PMC，如果是采购件，PMC将看板传递给采购人员，如果是自制件，PMC直接将生产看板发放到生产现场；
- 采购人员按看板要求实施采购，物料到达后，将物料和看板交给仓库验收入库。生产部门按看板要求实施生产，生产完成后，看板随产品一起流动到仓库验收入库；
- 仓库收到物料后，补充物料并随看板一起回到物料超市指定位置。

通过这样一个步骤，装配生产的节拍就顺畅地传递给了仓库，同时也进一步改善了装配线备料员的备料节拍和效率（因为物料进一步定置定位了）。而传统意义上的仓管员更多意义上变成了一个理货员，收到货物时将货物整理好摆放到超市货位上，那些传统的点数、调整、挪动位置等无效的工作，无形之中少了很多。

5.4 线边超市——定制物料

解决了相对容易的通用件，接下来就要考虑定制件，这个才是大头。在所有的定制件中，加油管主体最具有代表性。

图 5-21 油管主体

（图片来自网络，仅供参考）

这类部件的主要工艺路线如下：

切管 ➡ 扩口&墩筋 ➡ 端口齐平 ➡ 弯管 ➡ 焊接 ➡ 静电喷涂

其中端口齐平（车床加工）和静电喷涂需要外协加工，其他都由工厂内部生产完成。

理论上，定制件的拉动生产跟通用件的拉动生产没有本质区别，也就是后道工序向前道工序发出信号（看板），前道工序根据信号

（看板）生产的事情。但到了具体应用时，实践方式有很大的不同。导致这种不同的主要原因就是库存成本生产方式。

拉动生产是基于库存（MAKE TO STOCK）的一种生产方式，也就是说，要拉动，首先得有库存，然后根据库存的变动向前道工序发出生产或供给的信号。前面通用件的库存超市就是这样做的。

通用件的特点是量大、价值低、使用频率高、生产过程简单，所以保持略多一点的库存，在财务上并没有太大的问题。但定制件则不同，通常都是单件价值高、使用对象有限、生产过程复杂。这些油管产品也是如此，一根加油管，绝大部分的价值都在油管主体上。如果要为这些定制件在每一道工序都保有大量的库存，要付出极高的库存资金，在财务上极不划算，也有违实施精益生产的初衷。同时，既然是定制件，就意味着只能用在某一特定的产品上，如果不能在特定的时间内转化为最终销售的产品，就相当于损失。另外，定制件的工艺过程也相对复杂而漫长，如果在每个工序段都保有库存，对场地、资金都是极大的挑战。除此之外，这家工厂的定制件，都是纯粹的钢管件，如果要在表面处理之前保持库存，合理防锈也是一道必须跨越的坎。所以，面对种类繁多的定制件，要想为每一个定制件在每一道工序都保有库存，既不合理，也不现实。

"在决定使用任何超市拉动系统之前，要确信已经在可能的范围内尽量建立了连续流动。除非必须，不要在过程之间建立带有存货超市的拉动系统。"（《学习观察》）

所以，在这种情况下，对所有油管主体等定制件一味使用库存超市肯定不是最佳选择，而是要综合考虑其他方案。首先要甄选出需求广泛、出货稳定、重复生产频率高的产品，根据实际需要，在合适的流程（不是所有的流程）中建立跟通用件一样的库存超市；而对于定制程度高、客户范围窄、重复生产频率低的产品，则需要用更明智的方法来组织生产。

建立定制件库存超市的步骤

对于可以建立库存超市的定制件，除了产品实物不一样，建立库存超市的方法、程序和套路跟建立通用件超市一模一样。

首先，明确需建立库存超市的物料范围。我的定义很简单，就一条：返单率高，每个星期至少有一次不低于200件的生产。

符合这个要求的并不多，只有5种。这也侧面证明这个行业确实是一个多品种、小批量的行业。

接下来，跟整理通用件物料一样，逐一确定各种物料的基础信息，包括编号、品名、规格、尺寸、最小包装量、日消耗量、来源、生产周期、安全库存量等（如图5-22，表格里的数据纯粹为展示用，不代表工厂实际情况）。

物料代码	物料名称	每日平均需求	生产周期	安全库存	弯管车间生产批量	标准容器容量	前工序位置	超市位置	后工序位置
2.AXXXX.004	油管主体	162	4天	200	200	20	W-01-1	Z-B-01	装配-01-1
2.BXXXX.004	油管主体	125	4天	150	150	15	W-01-2	Z-B-02	装配-01-2
2.CXXXX.002	油管主体	100	4天	100	150	15	W-01-3	Z-B-03	装配-01-3
2.DXXXX.003	油管主体	80	4天	100	120	12	W-01-4	Z-B-04	装配-01-4
2.EXXXX.005	油管主体	60	4天	50	100	10	W-01-5	Z-B-05	装配-01-5

图5-22　定制件线边仓物料清单

然后，确定看板数量和每张看板的容量。这个也跟前面计算通用件的公式和基本逻辑是相通的，基本的原则是保证在补货周期内有足够的物料支持正常生产，同时还有一定的安全库存来应对突发的异常状况。但这里不建议采用两箱法。因为这样的话，每箱的库存量就会比较大，每次触发生产需求时，前道工序的生产批量也就比较大，就不那么"精益"了。所以，这里我采用了另外一个比较简单的做法。

- 确定单张看板容量。先定下基础原则：每张看板的容量等于或略大于平均每日需求，然后综合考虑前道工序的生产情况，确定前道工序比较适宜的每日生产批量。这样一来，就可以直接用前道工序的每日生产批量作为单张看板的容量。车间一旦收到一张生产看板，就恰恰开工生产一个最佳批量。虽然这并不是最佳方案，但在起始阶段却可以快速入手。如果要优化（减少）生产批量，可以等到后续在SMED等方面有巨大的改善之后。

- 确定看板数量。生产周期是4天，意味着每一张看板发出，至少需要4天才能带着加工好的产品回来，所以至少得在超市处留有足够的库存来维持4天的正常生产，同时还要加上适量的安全库存来应对意料之外的异常。根据这个思路，上述5个部件的看板容量和看板数量最终确定如图5-23。

物料代码	物料名称	每日平均需求	生产周期	安全库存	补料周期所需物料	单张看板容量	所需看板数量	备注
2.AXXXX.004	油管主体	162	4天	200	848	200	5	4张在库存超市，1张参与流转
2.BXXXX.004	油管主体	125	4天	150	650	150	5	4张在库存超市，1张参与流转
2.CXXXX.002	油管主体	100	4天	100	500	150	5	4张在库存超市，1张参与流转

图5-23 定制物料看板信息

然后，确定看板的形式并制作看板。最简便的方式是直接选用根据产品尺寸和结构所找到的容量合适的塑料周转筐，再将相关的看板卡片放置在对应的塑料筐上。然而有一个问题，就是产品的车间生产批量在100~200之间，如果整个批量全部放在一个容器之间，单个容器的负荷就很大，容器的牢固程度和可靠性都很成问题，搬运和周转也需要专业的工具和更多的人力才行，这样就增加了实际操作的难度，所以数量还得进一步拆分。

我的做法是将每个看板容量平均分摊到10个更小的容器中，比如，2.AXXX.004这个部件，看板的容量是200个，现在用10个小一点的塑料筐来分开盛放产品，每个筐放20个。

但这10个小筐哪一个都不能作为看板。我为此采用的看板是托盘+卡片。10个塑料筐依次叠放在塑料托盘上，10个筐都满了，整托产品就可以依据后道工序的要求进行流转。后道工序一次取用所有产品，取用后的10个空筐及托盘则作为取货看板转往前道工序。为了减少对叉车的依赖，也为了看板按顺序移动，我在托盘下加装了重型滚轮，方便托盘移动（如图5-24）。

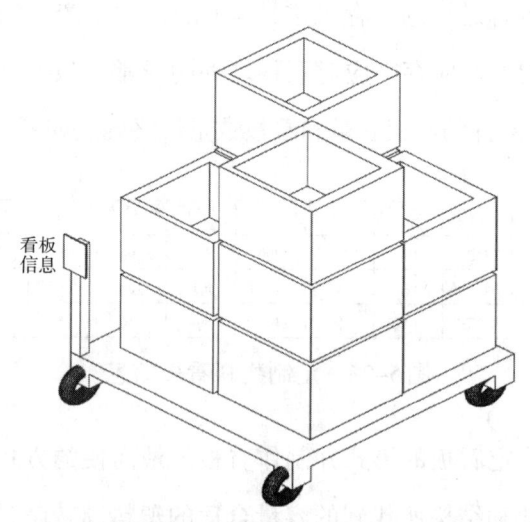

图5-24　油管主体看板示意图（1个托盘+10个筐+信息卡片）

然后，要建立合理的仓储方式，既规范物料的存放位置、取放方式，也让物料能方便地按顺序进出，同时保证先进先出。为托盘装上了移动滚轮以后，这也不是什么难事。

最后，要考虑看板回收的问题。这个看板的结构是小筐+托盘的组合结构，所以在每个产品的第一个托盘位置对面直接划一个小区域，每个小筐内的产品取用完之后，就放在这个区域内；当所有的产品都取用完后，仓库管理人员就将10个空塑料筐连同托盘就一起作为生产看板流转到生产车间。所有的前道工序生产结束后，托盘连同10个装好加工后物料的塑料筐一起回到超市的指定区域。

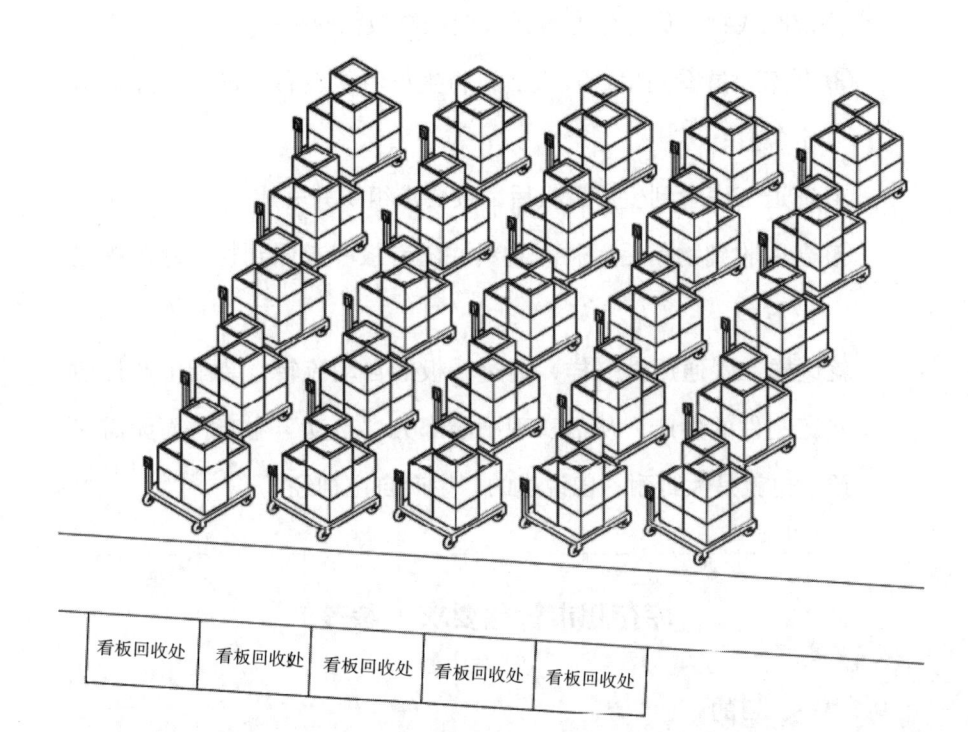

图 5-25　定制件超市布局示意图

至于定制物料超市的位置，因为这些物料都需要经过外协工厂的喷涂处理，处理后首先回到仓库，所以跟通用件库存超市一样，这个超市的位置就设置在装配线和仓库之间，既靠近通用件超市，也有助于物料员形成思维模式和取料习惯。

超市看板的流转

超市物料看板的触发和流转流程大致是这样的。

① 装配线物料员根据装配线触发的领料看板到物料超市领料，直到触发超市物料的生产看板；

② 装配线物料员将生产看板放置在看板回收处；

③ 仓库人员看到生产看板后，将生产看板转移到前道工序的指定位置；

④ 前道工序看到生产看板后，按要求组织并完成生产；

⑤ 仓库收到物料后，补充物料并随看板一起回到物料超市指定位置。

就这样，跟通用件一样，通过看板的自动流转，装配生产拉动了一些定制件的生产，从而实现了小部分"自动"生产，而无需人为干预，也就是大野耐一曾说过的"生产自主神经"。

库存超市管理要求（参考）

一、目的

确保位于生产现场的库存超市得到有效的利用和合理的管理。

二、适用范围

装配生产现场的库存超市。

三、定义

库存超市：在工序之间设立的一个物料库存，并按超市的补料方式进行管理。

四、库存超市运行方式

1. 确定库存超市物料

（1）通常由PMC确定何种物料可以归置到库存超市。

（2）相关的信息包括物料编码、物料名称、线边货架库存数量、订货点、订货数量等。

（3）需要考虑的信息包括但不限于日均消耗量、提前期、最佳经济批量（起订量）、安全库存量等。

（4）制定订货看板。

（5）相关信息明确到《库存超市物料清单》，并传递给仓库和现场生产管理人员中。

2. 预先备料

（1）仓库按照预设的线边货架库存数量将物料转移到库存超市。

（2）系统中同步调整仓位。

3. 物料贮存

（1）容器和货架准备

每种物料要配置适宜的、指定的容器。容器两端要有明确的标识。

```
物料编码：2.XXXX..010
物料名称：油管弹片
物料地址：Z-A-01-01
每盒数量：500
```

货架要有明显的标识，例如以英文字母标识，从A开始，一个货架一个英文字母。

每种物料在货架上都有指定的、适宜的位置（通常为滑道），首尾两端都要有明确标识。

```
物料编码：2.XXXX.010
物料名称：油管弹片
物料地址：Z-A-01-01
物料盒数量：3
```

（2）物料摆放

车间物料员负责按要求将物料摆放在库存超市。放入指定容器，按收料先后顺序依次摆放（通常货架为重力自滑道，从高往低依次摆放）。

将订货看板放置在合适的位置或容器上。

每个物料在指定位置挂上对应的物料卡。

将收货数量登记到对应的物料卡上。

4.循环备料管理

（1）需取用库存超市物料时，由生产部指定的物料员取用物料，作业人员不能直接从库存超市取用物料。

（2）物料员根据看板取用物料。

（3）流水线备料

由物料员根据生产订单和现场看板进行备料，物料员将物料送至流水线指定地点。

物料员按设定的节拍在负责的生产现场（目前仅限于流水线）收集空物料盒（看板），然后按看板要求备齐物料，并送回指定位置。

每次取用物料后，物料员将数量在物料卡上进行登记。

（4）库存超市看板的处理

在库存超市出现物料看板时，物料员将物料看板放在指定的看板回收处。

仓库人员每天在17：30之前在看板回收处收集看板。

生产看板直接转移到对应的前道工序的指定位置。

如果是采购物料，看板置放在仓库的"看板回收处"，然后通知PMC在系统内向采购发出采购需求。

当生产物料回到仓库时，按照看板的要求转移到库存超市指定位置。

当采购物料回仓库时，从"看板回收处"找到对应的看板，然后一起转移到库存超市指定位置。

（5）不良物料处理

操作员将发现和产生的不良品提交给物料员，物料员在物料卡上进行记录。

现场管理人员对不良品进行分析，并决定处置意见。

5.盘点

（1）仓库每星期五对库存超市盘点一次。

（2）对有差异的联系PMC和物料员一起溯源分析，并拟定改善方案。

（3）盘点要形成报告，发送给PMC，仓库，现场管理。

5.5 定制件的混合拉动生产

为装配线建立线边仓库（库存超市），首先保证了装配线上能及时获取所需要的物料，不至于中断生产，同时，也拉动了前道工序的生产。精益生产的很多概念都是简单直白的，但要想在现实中应用得恰如其分，则需要身体力行逐一落实非常多平常看起来并不起眼的改善，而改善无论大小，都需要资源（时间、资金、人力资源等），资源限制会制约改善，所以要因地制宜，量体裁衣，很多时候还要因陋就简。

通用件的生产拉动比较简单直接，装配线直接从库存超市里取用物料，由库存超市通过仓库人员向PMC发出需求信号，只要需求产生，尽管发出看板。采购和生产根据需求信号按要求进行补件，每次数量不多不少，时间不快不慢（理想状况）。

不同于通用件，定制件的生产拉动稍显复杂。如前所述，定制件的基本工艺流程有切管、扩管、镦筋、车床加工、弯管、焊接、静电喷涂等，如果全部照搬库存超市的做法，在每道工序之间都设立库存超市，那么工厂的库存会急剧上升。无论其他方面实际效果如何，单就库存激增这一项对于工厂来说也不是一件容易接受的事情。同时，其中两个制程必须由外协工厂来完成，这就更增加了现实操作的难度必须仔细分析，根据实际情况来制定相关的策略和措施。制定这些策略和措施的思维路线通常是这样的：

- 明确需要为哪些产品/部件建立库存超市。如果现实可行，当然可以为所有的产品/部件都建立库存超市。但这通常会带来资金和资源上的巨大压力，这个时候就需要做出取舍，只需要将那些量大的、重要客户的、返单率高的产品/部件建立库存超市。而那些数量稀少产品/部件则可以继续按照实际订单生产。
- 对于需要建立库存超市的产品，则进一步考虑在何处、设置多少个库存超市最为合理。基本原则是能支撑精益生产体系的运行，同时还能尽可能优化综合成本。

有库存超市时的拉动生产

对于部分油管主体这样的定制件，根据实际情况在静电喷涂后（装配前）建立库存超市（线边超市），接下来就面临一个很直接的问题，超市拉动的信号（看板）发往哪一个工序呢？通常情况下，一个油管主体要经过切料，扩口镦筋，机加工，弯管，焊接，喷涂等典型制程。如果这些工序能形成连续流，那这个事情就很好办，只需要把拉动的信号发到切料工序就可以了。这个方案当时看来就很不现实，主要原因是这些工序在可以预见的时间范围内无法建立连续流，因为机加工和静电喷涂工序是由外协工厂完成，这就形成了两个天然的物理断点。同时内部生产的不同工序之间的加工周期、机器故障、人员能力也各不相同，要想短时间内整合成连续流也绝非易事。

而如果要逐工序拉动的话，装配拉动静电喷涂，静电喷涂拉动焊接，焊接拉动弯管，弯管拉动机加工，机加工拉动扩口镦筋，最后拉动切料。那么这些工序之间的在制品的库存也将是不能承受之重。这种情况下，两种极端都走不通，所以采取折中的方法。这个方法就是先进先出（FIFO）拉动。

先进先出拉动本质上也是库存拉动，但在具体做法上有明显不同。不同于在两个分离的工序之间建立明显的超市，先进先出拉动是在两个分离的工序之间建立一条保证物料先进先出的通道。上游工序在滑道的入口，下游工序在滑道的出口，在这个通道之间前道工序生产的物料按生产的先后顺序流动到下工序。这个通道有容量限制，当通道里塞满了物料，滑道堵塞，则上游工序无法把产品投入滑道，这时前道工序必须停止生产。如果滑道通畅，则意味着上游工序需要继续生产。前道工序生产的信号来自两方面，生产产品的顺序和信息遵循收到的生产计划（指令），何时启动生产遵循先进先出通道的反馈。这种方式的好处是能限制库存的数量，还能防止前道工序过量生产。

先进先出基本上就是按照下面的套路：

- 选定合适的前道工序；
- 生产（计划）指令直接发放道该工序；
- 工序按计划安排生产的内容，但同时根据下游反馈的状况启动或停止生产；
- 在该工序之后，在所有分离的过程之间都两两相互之间建立先入先出管道。

图 5-26　FIFO拉动示意图

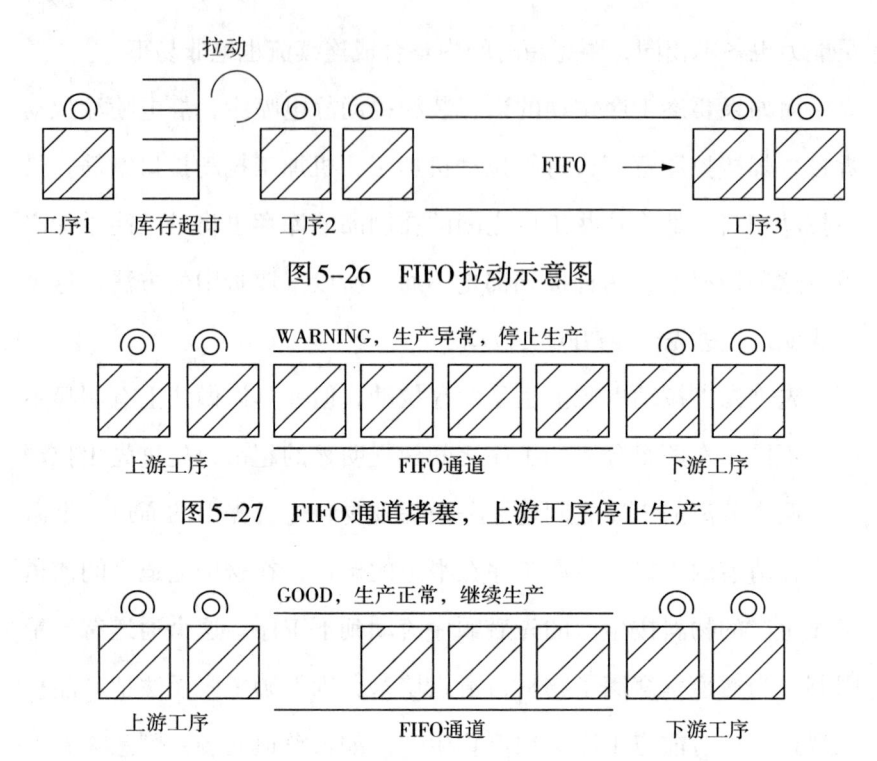

图 5-27　FIFO通道堵塞，上游工序停止生产

图 5-28　FIFO通道正常，上游工序正常生产

　　道理就是这么个道理，实践中就是把这些要求一个个落实。纯粹从理论上来说，最好的方法是将生产拉动的信号发到第一道工序——切管，如果从切管到静电喷涂能形成连续流的话。但前面已经说过，短期限内，这是一种奢望，考虑到改善资源的分配问题，只能退而求其次。

　　与L先生和生产、仓库管理、PMC反复商讨后，最终决定在车床加工工序后、弯管工序前再建立一个库存超市（之前已经在静电喷涂后，装配工序前建立了对应的库存超市）。在这个库存超市的前后，可以形成两段FIFO拉动：切管—扩口镦筋—车床加工工序之间进行FIFO拉动，弯管—焊接—静电喷涂工序之间实施FIFO拉动。

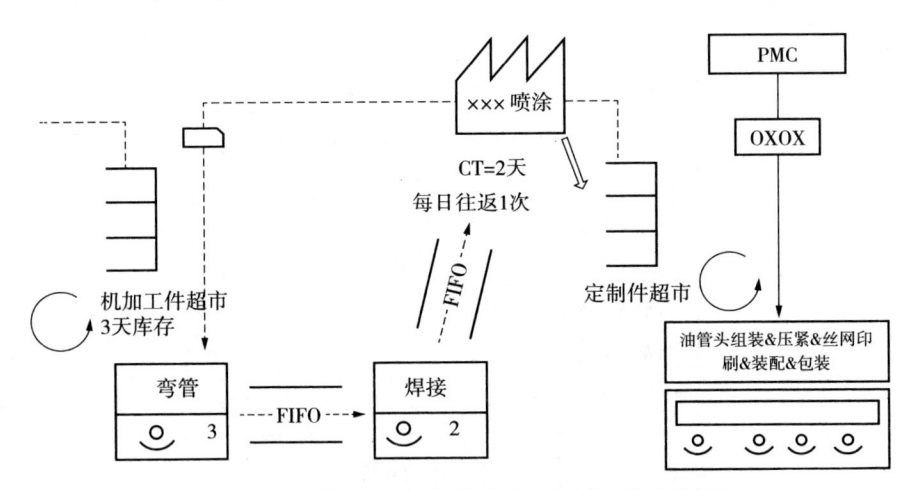

图 5-29 装配到弯管作业之间的拉动示意图

这种模式下，先看一下从 PMC 的计划如何拉动弯管、焊接、喷涂等工序的生产：

- PMC 把生产计划下达到装配线；
- 装配线从定制件超市取用物料，看板从超市发出到弯管工序；
- 弯管工序按看板要求开始生产并通过 FIFO 方式流转到焊接工序；
- 焊接工序按物料到达的先后顺序安排生产，并通过 FIFO 方式流转到喷涂工序；
- 喷涂工序按物料到达的先后顺序安排生产，也通过 FIFO 方式流转到定制件超市。

同样的套路，弯管工序通过库存超市里部件库存的变化来拉动切管、扩口镦筋、车床加工等工序的生产：

- 弯管工序根据生产计划生产，从机加工件库存超市取用部件；
- 随着部件的消耗，触发生产看板；

```
            生产看板
┌─────────────────────────────────┐
│ 本工序:              库存超市      │
│ 弯管+焊接+静电喷涂    机加工件库存超市│
│ 位置:               位置:        │
│ 弯管机01完工区       1——2——3     │
│ 产品编号/名称:       数量:        │
│ AXXXX-1/XX油管主体    40         │
│ 产品编号/名称:                    │
│ AXXXX/XX油管                     │
└─────────────────────────────────┘
```

图 5-30　生产看板 1

- 生产看板发放到切管工序;
- 切管工序按看板进行生产;
- 切管后的部件通过 FIFO 方式流转到扩口镦筋工序;
- 扩口镦筋工序按先后顺序安排生产,并通过 FIFO 方式流转到车床加工工序;
- 车床加工工序按先后顺序安排生产,并通过 FIFO 方式流转到机加工件库存超市。

```
            生产看板
┌─────────────────────────────────┐
│ 本工序:              库存超市      │
│ 切管+扩口墩筋+车床加工  机加工件库存超市│
│ 位置:               位置:        │
│ 弯管机01完工区       1——2——3     │
│ 产品编号/名称:       数量:        │
│ AXXXX-1/XX油管主体    40         │
│ 产品编号/名称:                    │
│ AXXXX / XX油管                   │
└─────────────────────────────────┘
```

图 5-31　生产看板 2

这样通过两个"小"循环，整个制造链上的生产就全部让生产计划给串联拉动起来了。这样生产的好处是让整个生产自行组织起来，能更有效地保证交期，还控制了各道工序之间的过量生产。不仅如此，我认为最大的好处应该是——用最简单的方法实现了生产的有序管理。生产只要井然有序，就自动消除了大部分问题，也更容易有针对性地进行改善。

这样做的问题是增加了固定的库存，同时，机加工后的部件不能放置太久，否则容易生锈，导致焊接和静电喷涂出现质量问题。所以，那些周转频率不高的部件不适宜建立库存超市。

总体而言，拉动的生产更容易帮助工厂建立生产控制的"自主神经"。但在开始的时候，很多人都会认为这样只是纸上谈兵，空中楼阁，既不现实，也不可行。当我在内部提出这样的构想时，PMC主管就不置可否地笑笑，然后说："我现在对每道工序都下计划，然后每天在现场跟踪，催促，都不能保证订单能按时完成，凭什么认为凭一张小小的看板就可以让生产及时、准确地完成？"

在一定程度上，我必须承认，他说的是对的。对于一个执行力很差的公司来说，你给个"圣旨"，他都不一定能按要求执行，何况一张小小的"看板"？看板本身毫无约束力，看板的约束力来自公司为有效运行看板所制定的管理规则。看板的好处是统一了生产管理指令，同时将生产指令可视化。大家诟病的"有法不依"，是在看板之外公司需要解决的问题。

同时，任何时候都要清醒地认识到，无论库存在某一时间段怎样支持你的生产，库存都应该是可以改善的对象。库存超市也是如此，也许这个库存对平顺现阶段的生产非常有效，但我们要有清晰的态度和目标——持续降低库存，直至取消。

弯管车间的改善

理顺一个流程，最大的困难并不是如何从理论上阐述它，而是如何在生产中实现它。一如既往，不出意外，从弯管工序到静电喷涂之间实现看板拉动和FIFO的过程也并不顺利。

跟前面装配线的改善不同的是，装配线是新建了一条生产线，在规划、设计、试生产期间完全独立于正常生产，试用满意之前可以反复折腾而完全不用担心会影响到正常生产，这就自然可以保持一个相对轻松愉悦的心情。而现在到弯管车间就完全不一样了，因为现有的5台设备，需要把他们收编进新的生产系统，还不能影响现行的生产，在引进新秩序的时候，还得小心翼翼地维护着旧规则，确实让人为难。

因为比较难，所以就比较谨慎，首先是期望值比较低，没有对单机作业效率设定明确的改善绩效指标（因为牵涉机器、模具、工艺参数等方面的调整和改善，没有相当的专业知识和时间很难有真正意义上的成功），而是在开始阶段专注将拉动生产的流程理顺。然后就是实施从非常小的范围开始，开始时只选定了1台对应的弯管机（每款产品只能由1台对应的机器生产）作为改善的对象，其他机器则继续按照既有的模式进行运作。

在开始的时候，首要任务是创建稳定的生产流，而要创建稳定的生产流，首先要做的事情就是标准化。

- 工艺资料标准化。以前每个工人都有一本自己的"葵花宝典",用笔记本详细记录各种参数,比如半径、角度、速度等。现在由技术部门统一评审并制定统一的工艺参数。
- 将操作步骤标准化。从准备材料,准备模具工装检具,开机调试,到生产结束5S清理,将所有步骤统一。
- 将该机台对应所要用到的模具、工装、检具、作业文件,统一规范地放置到接近操作机台的地方。
- 将生产过程中需要用到的标准样品,规范地放置到接近操作机台的地方。
- 制定简易实用的检测工装,代替需要专业测量技术的检测动作。
- 标准化换模的过程。这里暂时还不牵涉到更深层次的快速换模技术,只是将现有的操作标准化,以准确控制和观察换模时间。
- 测定每款产品的加工时间。

这些工作都是一个一个产品、一个一个机台逐步落实的,并不是先制定一个大的车间5S计划或者工艺标准化计划,然后组织众多人员当作一个项目急速推进。当然,在落实这些现场改善的时候,员工培训自然是必不可少的。当这些改善工作开始落实之后,就要看车间的拉动生产如何进行了。

在改善过程中,碰到的最大的问题是技术师傅们对于工艺标准化的抵制。职场上的传统认知是"教会徒弟,饿死师傅",大家都想有一技傍身,或许到最后关头还可以"挟技自重",所以那些技艺纯熟的师傅们是不太愿意分享自己的"独门秘籍"的。有一

图5-32　模具、工具定置定位示意图

次，当我想把"大师傅"的不传心法拍个照，以方便后续做成标准文件，刚刚开口一问，"大师傅"就一把抢过，毫不拖泥带水。这个是基本人性，不能过于苛责。但在实践精益的过程中，这个关隘又是肯定要过的，不然的话，标准化作业都没有，还搞什么精益生产呢？

从公司的角度来说，这些技术也好，经验也罢，总归要变成公司的知识和技术，而不是某个人的独门绝技，否则从公司的角度来看，就是受制于人。知识要公开，技术要共享，逐层理清这些技术上的要点肯定会影响到工人自身的安全感，所以公司从主观上就要树立正确的观念——保护工人的工作并通过改善来提高工人的实际待遇，而不是来削弱或剥夺工人的职业发展。

话虽如此，我是没有办法在短时间内消除工人心中的这种疑虑和担忧的，只能请L先生出马。这个时候，L先生长久以来在工人心中形成的信任感起到了决定性的作用。虽然中间有波澜，最终还是得到了所有工人的认可。"以德服人者，中心悦而诚服也"。

其他车间的改善

其他车间的改善就是弯管车间做过的事情重新再做一遍，主要关注的也是标准化、5S、工具/工装定置定位、工艺标准化等（都没有涉及深层次的工艺技术改善问题），只是面对的人、机、环境不一样而已，过程基本雷同，话术也比较一致，所以就不一一赘述。但因为有在弯管车间形成的强烈的正面影响，所以在这些车间遇到的阻力反而不多，比较顺利地达到了预期。

车间生产的拉动实践

我采用了一个非常简单的方式，就是在生产发动的车间（切管车间和弯管车间）为每个机台建立一个生产看板排队的区域（每种产品只能由对应的一台机器生产），然后在每个车间统一建立一个到下个车间的FIFO通道（图5-33）。具体操作方法如下：

- 每天物料员将库存超市释放的生产看板（包括容器）按顺序发放到对应的机台。
- 操作工人依次按生产看板的要求进行加工。
- 操作工人将加工完成的产品随同看板依次放入FIFO通道。
- 后道工序依次从FIFO通道的一端取走物料，如果物料未被如期取走，通道堵塞，则前道工序车间停止生产。反之，前道工序则一直按看板要求依次生产。

这种拉动方式看起来是简单的。不过，必须先做好标准化作业、良好的生产纪律和现场管控、快速解决问题的能力和机制，实施起来才能成功。

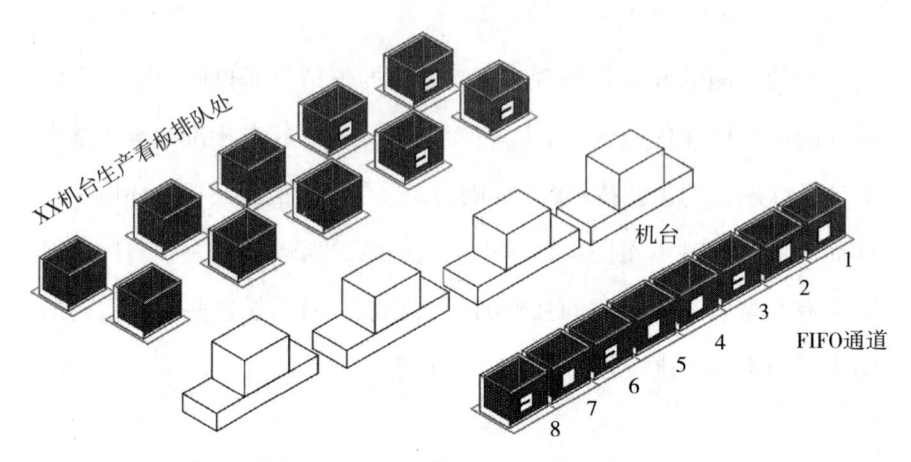

图 5-33　车间的FIFO通道示意图

无库存超市时的拉动生产

建立库存超市最主要的目的是提高响应客户要求的速度。只要有库存，就能及时满足客户的出货要求。但建立库存超市受到来自产品本身的巨大影响，比如有些产品的保质期很短，比如有些产品的贮存条件非常苛刻，需要巨大的资源投入。同时，建立库存超市的经济性也会受到产品定制化的影响。有些产品终端产品少，有些产品终端产品非常多。在一个终端产品少的系统中为所有产品保持库存超市可能是明智的，但在终端产品繁多的情况下，保持终端产品的库存则非常昂贵，尤其在产品单件价值还很高的情况下。

如果你处于一个定制行业，有成千上万种产品需要生产，但何时生产、生产多少并不固定，有些一星期几次，有些一个月一次，有些一年一次，如果都要规规矩矩地建立库存超市，那肯定是不现实的。

面对清单上的160多款产品，如果我真的将所有定制物料都在装配线旁边建立库存超市，L先生可能会捶胸顿足，以为请的是卧龙凤雏，结果是李逵吕布。

那没有库存超市还可以实现拉动生产吗？答案是肯定的。所以，接下来的问题是，在没有库存超市的情况下如何实现拉动模式？这时我们需要回到原点，尊重规律。回到原点不是指重新开始或放弃，而是回归对初衷和本质目的的思考。那么拉动的原点是什么？

"'拉动'一词最简单的意思是，在下游客户提出要求之前，没有一家上游企业生产商品或提供服务"（詹姆斯·P.沃麦克《精益思想》）。

可见，拉动的基本动作也是核心功能其实就是：

- 下游客户提出要求；
- 上游企业按下游客户要求提供生产或服务。

也就是说，任何生产模式符合这两个基本特征，就可以称之为拉动生产。归根到底，有信号发出并能被接收和执行，就实现了拉动的基本功能。至于信号根据什么发生，如何发生，通过何种媒介传递，如何接收，如何转化为实实在在的执行，则完全是见仁见智、因地制宜的事情。两箱法，三箱法，卡片，三角吊牌，电子信号，都是可以考虑的方案，究竟用哪一种，需要根据现时、现地、现物来量身定做。

拉动生产方式的本质就是准确及时发出和接收信号，并按信号实施，在理论上来说，有没有实际库存就不是那么必要了（库存本质上就是一种缓冲,如果在不需要缓冲的情况下,也可以保持生产的正常运行,那么去掉缓冲反而会更好一点),既然物理库存不是非要不可,那么定制产品实施拉动模式的理论基础就具备了,剩下的只是如何把理论实现的问题。

精益生产的理论应对这一局面的标准工具是顺序拉动(也就是俗称的b型拉动)。不同于库存拉动(俗称a型拉动),顺序拉动是典型的"按订单制造"(MAKE TO ORDER)。这样做最直接的好处是将成品库存减少到了最少。坏处是生产周期会加长,从而影响客户对交期的满意度。这种方式适用于零件类型多,以至于一个库存超市无法经济地容纳各种不同零件的库存的时候。

关于"顺序拉动"的实施,步骤几乎都是统一的:

- 生产计划部门详细计划、规划所要生产的产品及其数量;
- 将产品及其数量"均衡地"的拆分到均匀的时间段里的生产指令;
- 将顺序生产计划传送到价值流最上游的工序,按顺序排列;
- 生产工序按顺序加工;
- 在整个生产过程中,都保持先进先出。

同样,文字上的理解并不难,但要成功有效地实施,绝大部分时候却比想象中困难许多。这种挑战,不仅仅来自现场改善,更多的是来自整个管理系统。从计划推动的批量生产转变到看板驱动的拉动生产意味着在车间里要做出巨大的转变和改善,无论是物理空间,还是人的思想,都是如此。在由实体看板驱动生产时可能还相对容易接受一些,毕竟那时还有实实在在的库存变化。而现在又说在没有实际库存的时候也要实施拉动生产,很明显意味着另一个完全不同的故事，在无库存的情况下，要保证拉动生产的顺畅进行，则意味着采购系统、计划系统、现场管理等要全方位进入更精细管理的状态，很明显，L先生的工厂目前还需要更多准备。

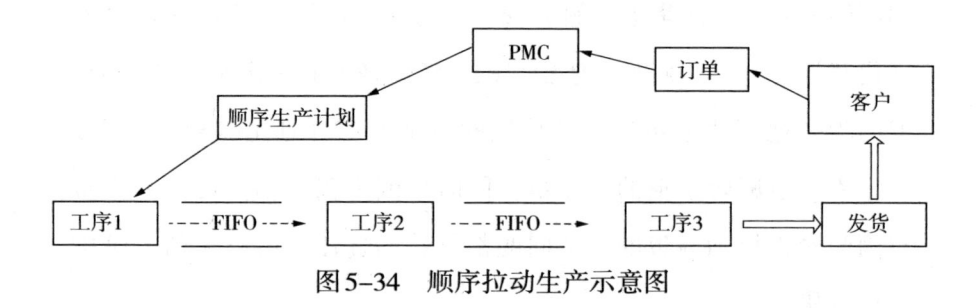

图5-34 顺序拉动生产示意图

制造过程的改善虽然会一如既往地不容易，但因为在前面大半年的时间内在工厂进行了为数不少的或大或小的过程改善，公司上下对于诸如此类的改善已经并不陌生，同时因为实际的过程改善的效果是很直观的，无论成败，人们对它都会有一个实实在在的感受。但关于"顺序生产计划"，则在起始之初很难有人会真正理解这么操作的意义：它看起来跟生产计划没有什么区别，似乎只是另外一个玩弄噱头的文字游戏。如果不能切实体会到顺序生产的意义，就会自然而然地认为这样做纯粹是没事找事，所以有强烈的抵触甚至对抗心理也是很正常的。

相比于制程改善，在流程再造方面，来自意识的抵触和对抗则让整个过程变得更加艰难和煎熬，尤其是当这种抵触和对抗来自整个系统，来自采购、仓储、物流、技术支持等各个部门时。很多时候，要面对不同人提出的同一个问题重复同样的说辞，确实不胜其烦。

PMC主管一直固执地认为生产看板就等同于他一直在用的每

日生产计划，所谓用看板拉动生产代替每日生产计划本身就是无稽之谈，同时生产计划本身完全由其本人制定、发放、跟踪和协调，生产状况他是一清二楚，因而心中不慌（虽然经常因为生产计划不能按时完成而焦头烂额）。最初当我提出用生产看板拉动生产来代替日常生产计划时，他看我的表情就像看到一个十足的傻子。但因为是把那些常备生产件从他的日常生产计划里剥离了出来，一定程度也减轻了他的工作量，同时也因为我主动担责，生产如有因为看板拉动导致的脱节问题都算我的责任，所以他稍作挣扎后也就从了。

但现在，我需要将他所熟悉的生产计划转化成所谓的"顺序生产计划"，整个事情还需要他亲自操作，这就显得有点得寸进尺了。所以不出意外地出了意外，如何让PMC理解并愿意将一个完整的客户订单拆分成若干的"顺序生产计划"，是我在一开始就遭到的一记闷棍。当时PMC主管的反应是非常激烈的，直接就说不要讨论这种"弱智问题"："不要再浪费口舌，我不可能同意这样做的，你跟我说没用，你去找老板来吧。"

当时的对话场景让我有点尴尬，但也仅此而已，放弃肯定是不可能的，所以就"按照他的意图"——找来了老板L先生。当时的气氛肯定并不友好，L先生也是有点为难，所以没有当场表态，而是将我两人分别支开，前后各交谈了几次。虽然PMC主管还是不情不愿的，但在L先生的周旋下，我的主张最后还是得到了支持，这整件事情最终也得以推行下去。当然，在开始阶段实施的也只是一个基本的框架，并没有特别精细。当时我构想的具体做法是这样的：

- 对于按单生产的客户订单，PMC主管根据MRP的结果制定生产计划。

- 然后根据机器的产能，将生产计划拆分成以小时计的生产看板（临时）。这个机器产能以瓶颈工序的设备产能为基准。这里通常就以弯管工序的产能为基准。比如针对A产品，本次客户订单要求为50根，而弯管工序的产能为20根/小时，那么这个订单就需要拆分成3块看板，对应的数量分别为20，20，10。因为这个价值流上的前道工序分为两段，一段包括切管、扩口墩筋、车床加工3个工序，一段包括弯管、焊接、静电喷涂3个工序。所以要为这两段工序分别制作生产看板（如下图）。也就是说，在第一段的工序中，由如左图所示的生产看板拉动生产。进入第二段的工序后，由如右图所示的生产看板拉动生产。

生产看板（临时）			生产看板（临时）	
本工序： 切管+扩口墩筋+车床加工 位置： 切管机　完工区 部件编号/名称： BXXXX-1　/XX油管主体 成品编号/名称： BXXXX　/XX油管	下工序： 弯管+焊接+静电喷涂 位置： 待加工区 数量： 20		本工序： 弯管+焊接+静电喷涂 位置： 弯管机02　完工区 部件编号/名称： BXXXX-1 成品编号/名称： BXXXX/XX油管	下工序： 定制件库存超市 位置： 临时存货区 数量： 20

图5-35　生产看板（临时）

- PMC将生产看板（临时）及对应的容器放入生产现场看板区域；
- 工人读取生产看板，并按要求生产，生产完成后产品放入对应的容器中；

- 本工序完成后，物料随同看板进入 FIFO 通道，流入下一道工序。

这跟有库存拉动的拉动方式是极其类似的。只是相比较于库存拉动的物料，临时看板拉动的物料有着更高的优先级，所以通常会安排在最优先的生产顺序。而为了保持临时看板的优先级，还在切管和弯管两个车间（对应流程的发起点）的看板排队处用颜色来突出标识。

具体的做法是这样的。在切管车间和弯管车间，在生产等待区画10个框型区域，按顺序编号从1到10，并且按上班时间从早到晚以1个小时为区间分别对应标上8点到9点，9点到10点，等等。同时将1、2两个对应区域涂成红色，3~8六个区域涂成绿色，将9、10两个区域涂成黄色。红色表示加急，拥有最高的优先级。绿色表示正常轮转，黄色表示当日需加班完成的任务。

由MRP计划产生的临时看板则直接进入优先位置（红色区域），由库存超市触发的生产看板随后，每天由PMC安排依次进入看板排队处（通常是绿色区域），如果当日生产任务无法在正常的8小时工作内完成，那么则顺延进入加班区域（黄色区域），总而言之，生产分段，依次进行。

操作工人按顺序从1到8（加班时需要到10）逐一按看板的要求进行生产，生产完成的产品依次进入FIFO通道。1号看板完成后随加工号的产品进入FIFO通道1号位置，2号看板进入2号位置，依次进行，当通道里没有多余的位置时，生产停止。如此既能按需求循序进行加工，还能防止过量生产。

在这个生产中，既有库存超市拉动的生产，也有无库存时由

MRP计划推动的生产。事实上，大部分的工厂生产都是有推有拉的，一招鲜吃遍天的事情并不常见，混合生产才是大部分工厂的生产常态。

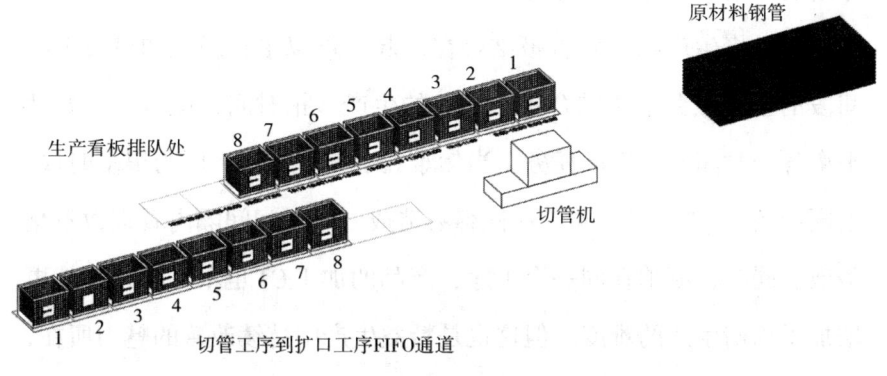

图5-36 切管工序的拉动生产示意图

当然，这一切的一切，到目前为止都只是具备一个非常简单和粗糙的框架，还有许多不如人意的地方，也有许多肉眼所见的改善空间，但重要的是，工厂已经有了一个可以正常运行的框架，只要坚持不懈，在这个框架内持续改善，在这个框架里持续取得长足的进步并不是什么困难的事情。这也是我的初衷。

拉动生产的一点说明

看板拉动与MRP计划生产有一个很大的不同之处是，拉动生产是基于内部状态触发生产的，而MRP计划生产是基于外部需求触发生产的。所以拉动生产能否成功实施的关键在于生产能否平准化进行和是否有快速的问题解决机制，而MRP计划生产并不关注生产能否顺利进行，而是靠计划强推。换句话来说，拉动生产是通过大量艰苦的现场改善来获得精准的生产能力，从而保证拉动生产的顺利实施（拉动生产很多时候只是一个持续促进改善的工具）。而MRP计划生产则试图通过精准的计划来掩盖现场的混乱，这就是系统推导出的计划无懈可击，而实际中屡屡耽搁延误的原因。

通过将生产顺序和看板结合在一起，可以很直观地知道每个时间段的生产任务，再结合各个产品的生产节拍时间，就可以较好地平衡各个时间段的生产任务。当然难处也在于平衡，因为很多时候，不同产品的TT并不相同，这样容易造成一个时间间隔内看板数不是整数。同时，哪怕在同一个工序，产品的加工CT也不一样，这就更增加了均衡生产的难度。但这也是精益生产中持续改善的魅力所在，我们始终明白自己要解决的问题和努力的方向，而对于这些问题，只要肯努力，终归是可以逐步解决改善的。

而对于为什么精益生产执着于小批量生产（甚至单件流）的问题，对于真正践行精益生产的公司来说，这个问题是不需要讨论的，在精益生产的体系里，批量小就是对，批量小就是好，批量小就是漂亮。均衡的小批量生产一定比大批量生产更有效率（想想为什么精益生产的终极目标是单件连续流），同时小批量生产有助于将每天有限的生产资源分享给不同的产品以最大限度满足客户需求。

在刚刚进入精益生产体系的大门时，我也并不能深刻理解这些简单而深刻的理论。我的老师只是要求我实践，实践，再实践，从实际的结果中去感悟，然后才是一些知识和方法论的学习。所以，精益生产的推行一定不是讲道理，而是先干了再说。说到底，我们都是在努力达成自己的愿望而已。

第6章
结束与随想

CHAPTER 6

6.1 任务完成情况

一年的时间转瞬即逝，先对照最初的计划看看任务完成情况（表6-1）。

表6-1　　　　　　　　　　任务完成情况

任务	完成情况	备注
● 装配&包装工序建立连续流生产线	完成	
● 机加工阶段实现看板拉动生产	完成	FIFO拉动、混合拉动
● 外协件实现看板拉动	完成	FIFO拉动
● 建立和发展精益推行团队	未完成	

四成其三，看起来还不错。只是，非常遗憾的是，没有完成的恰恰是至关重要的。

不少尝试精益生产的公司，在初期都容易取得显著进展。初始阶段大部分是由有经验的顾问领导进行的，很快就能看到流程改善了，布局更合理了，材料输送更流畅了，绩效也变好了。这些成功自然鼓舞人心，尤其很多时候还是精神文明和物质文明双丰收。

但激动人心的时刻都是短暂的。等到精益生产进行一段时间之后，人们就会惊奇地发现，那些引人瞩目的效益很难持久，反复尝试的新工艺总是难以尽如人意,初试良好的新方案过了一段时间也带出了意想不到的新问题,技术的进步甚至很难抵消成本的增长,同时,生产线上总有解决不完的问题,无论怎样努力都无法始终维持节拍时间……

在工厂内初步建立精益生产模式后,大部分人都会觉得大功告成,这是很自然的。但精益生产推行到这个阶段,实际上也只是开了个头。在此之后,如果不能在每天的日常工作中都保持持续改善的状态,生产本身就会处于更大的动荡中(精益生产系统本身就比批量生产系统要脆弱)。大部分推行失败的公司都会在这个阶段慢慢丧失信心,逐渐故态复萌,退回原来的生产状态,感慨道"精益生产不过如此"。高潮退去后,就要面对波澜不惊的日常。如何在平静的日常中日复一日地持续磨砺和精进,才是精益生产落地生根的关键。

精益生产模式如果无法维持,根源是公司没有足够的人才储备来维持和改善精益生产模式。精益生产方式的实施是一个长期的、系统化的过程,人在精益生产中自始至终都起决定性作用。在丰田关于TPS的最新介绍中,核心只有两条:持续改善和尊重员工。尊重员工才能够持续改善。丰田坚持认为员工是公司最重要的资产,认为每个员工都是持续改进的关键,鼓励员工参与改善活动,尊重每个人的贡献和意见,所以在丰田,有"我们造车,也造人"的说法。简单点说,精益生产体系需要通过持续改善来维护和提升,而持续改善需要由具有精益思维的员工来实施和完成。如果具有精益思维的员工不够多,精益生产体系是无法自动维护和提升的。

无论是精益生产所推崇的"自下而上"决策制度还是传统的

第6章 结束与随想

"自上而下"的决策制度，贯穿整个企业的精益生产都需要不同层次人员的共同努力。人员因素是企业实施精益生产的最关键、最核心的因素，只有不同层次具有相应素质要求的人员共同协作，持续发展，精益生产的系统才能持续运转，产生令人欣喜的效益。

就L先生的工厂而言，在决策层面L先生是一个极具前瞻能力的企业家，但在执行层面却一直缺乏一个有见识、有能力、有勇气的职业经理人，而基础层面也缺乏敢于创新、乐于接受改变的员工。我这一年以来的短暂存在，充其量只是在基础层面提供了一些精益技术支持。

所以，到目前为止，我虽然有模有样建立了一个从流水线装配到机加工拉动生产的精益生产模式框架，但同样让工厂处在一个尴尬和危险的情况中，整个组织中并没有足够的人力资源来协作运转和维护这样一个生产模式。在过去的一年里，我不是没有尝试过"拉更多的人下水"，但屡战屡败，尚未成功。这是我在整个精益推行过程中最大的遗憾。在后面的很长一段时间内，这都应该是最重要、最需要改善的事情。

6.2 绩效对比

任何一个阶段的精益生产实施之后，都可以将一些典型的生产运营绩效指标做一下改善前后的简单对比，以发现偏差和不足，同时也给自己和团队信心。这里将B9XXX产品在装配工序的前后绩效做一简单对比。

表6-2　　　　　　　　　　精益生产业绩评估表

评估项目	计算公式	改善前	改善后	目标	改善幅度	说明
质量						
客户PPM	PPM=(不良品数/总交付数)×1000000	10,000	5,000	1,000	50%	
一次PPM	PPM=(不良品数/总交付数)×1000000	100,000	20,000	1,000	80%	针对内部制程
交付						
准时交货率(对客户)	准时交货率=(按时交付数量或批次/应交付总数量或批次)×100%	75%	95%	99%	20%	
准时交货率(内部制程)	准时交货率=(按时交付数量或批次/应交付总数量或批次)×100%	65%	90%	99%	25%	
生产效率						
班次生产效率	班次生产效率=(实际生产数量/应生产数量)×100%	65%	80%	95%	15%	
班次产能	每班实际生产数量	300	700		133%	
加工时间(秒)	产品的纯加工时间	168	90		46%	
生产周期(天)	产品的整个生产周期	54	27		50%	
成本						
直接人工(件/人*小时)	直接人工=特定时间内生产产品总数/(人数×工作时间)	9.4	22		134%	
搬运人工(件/人*小时)	搬运人工=特定时间内生产产品总数/(人数×工作时间)	/	/		/	
质量成本(元/班)	每班产生的质量成本	/	/		/	
加班成本(元/月)	每月加班时间×加班小时工资	1920	1600		17%	加班小时工资在实施精益生产后有提高

当然，还有其他的绩效指标可以用来评估和考核，比如库存周转率。但因为开始时工厂并没有专门记录相关的数据，所以在库存、

毛利等关键绩效方面暂时没有直接对比。但可以看到，虽然不能把所有提升都归因为精益生产，但精益生产的导入的确在质量、客户响应、生产效率方面都得到了回报。

然而，无论这些绩效指标在某个时间段的提升有多明显，都不是精益生产能带来的最大收益。精益生产实践自然要关注这些指标，但并不需要刻意追求这些指标。真正需要关注的是我们做了什么、怎么做的，换言之，需要关注的是过程：是否按照精益生产的要求，一步一步落实了每一个产品、工艺、过程和管理中的细节，至于结果，种瓜得瓜，种豆得豆，它会自然而然发生。

精益生产带来的更大收益，在指标的数字之外。

第一，精益生产建立了一种可持续发展的生产模式。在这个模式下，无论起点多低，无论现状如何不堪，只要持续改善，假以时日，总是会有破茧成蝶的时刻。大部分情况下，工厂生产混乱、效率低，都是因为缺少清晰的框架和套路，从来就没有建立过持续统一的系统，没有让系统中的每个人都可以各司其职、各尽其责，反而是让各个部门每时每刻都各自为政，为各自独立的KPI绞尽脑汁，不考虑如何创造长久的整体绩效。

第二，精益生产改变了管理层对于工厂的关注点。传统的管理中，管理层容易跟生产实际脱节，关注一些大层面的事情，比如战略、组织、形象、文化。这些不能说不重要，但都不是支持一个工厂健康发展的根本。精益生产的体系中，需要关注的就只有产品和生产。凡是有利于生产的就是对的，"一切为生产服务"不是一句挂在墙上的空话，而是要能在各个层面真正落到实处。当工厂的各个组织都在"为生产服务"，生产想不好都难。

6.3 不是结束的结束

"Now this is not the end. It is not even the beginning of the end. But it is, perhaps, the end of the beginning."（这不是结束。这甚至不是结束的开始。但这或许是开始的结束。）这是阿拉曼战役后，丘吉尔演讲中的一句名言。L先生的工厂跟我之间的精益故事也远远没有结束；精益生产框架在工厂机加工车间内落地，意味着在第一阶段我们的共同努力暂时告一段落。

下一个阶段的任务已经在路上，并且很明确：

- 建立必要的管理规定来维护精益生产的模式和框架；
- 挖掘，培养和发展更多的"精益人才"；
- 持续改善！

在主要流程建立简单的拉动生产模式的框架后，自然还要深入改善和完善具体的布局、流程和工艺方法。深入改善这些流程和方法，要求更高的专业深度，牵涉更大的范围，面对更多的变革对象，深入更多的细节，也必然要求更多的专业人士参与其中。遗憾的是，过去的一段时间，整个事情大部分还是我一个人的独舞，精益团队建设没有跟上。这是一个非常大的缺失。

在这种情况下，既要保留注意力，时刻持续监控已经建立精益生产规则的过程和工序，维持来之不易的局面并寻找持续改善的机会，同时还要聚焦新的流程和业务，是对个人精力的极大考验。加上后来我也有些其他不得不去处理的业务，短期之内没有办法再像以前一样每件事情都事必躬亲，"事无巨细，莫不归之"的工作方式已然行不通。所以，当务之急就是要在各个工序段培养出合格的"精益代理人"，然后，让L先生及其他管理团队成员也逐步养成GEMBA（现场观察）的习惯，这样才能让整个精益生产体系时时刻刻得到维持、关注、监督和改善。否则"辛辛苦苦三十年，一夜回到解放前"，不仅无益，而且有害。考虑到目前的实际情况，比起继续大踏步前进更重要的是能够先将目前的模式和框架维持住一段时间，待稳定后再考虑下一步的行动。

回顾第一个阶段过程中的点点滴滴，波澜壮阔是不存在的，起起伏伏才是每天的常态。遗憾和失落是有的，很多事情并不尽如人意，从形式到结果，都是如此。回过头看最初的期望，理想跟现实之间有巨大的差异。开始时不免过于乐观，摩拳擦掌，认为可以斩获更多激动人心的成果；然而，经过一次又一次折中，妥协，最终能够勉强落地就不错了。但世间万物，莫不如此，不完美才是世间万物的常态。如果凡事皆可完美，又何来持续改善呢？

必须承认，精益生产推行的过程中，挫折、失败和无力感总是要远多于成就感和欣喜感。在过去的一年中，在产品、工艺、生产技术方面的不足和障碍带来了很多困难和挑战，但最难的部分永远都是如何取得其他人的理解。一年多的时间里，误解和不理解是工作中的常态，在很多当时特定的场景下，我也会感到纠结、郁闷、痛苦，甚至还有些许的愤怒。但心中的涟漪都消散得很快，反倒是L先生的鼎力支持让我印象极深，领略到成功企业家身上坚韧的特质；也有很多同事总对我伸出援手，对此，我深怀感激。

我们已经按照约定的期限在工厂建立了精益生产框架，并且后续的夯实、完善和扩展都已排上日程，所以终归是略有小成。这种由衷的喜悦，足以将此前的阴霾一扫而空。

6.4 精益生产的特征

现在对精益生产模式做一个简单的概括。

一个典型的精益生产模式，应该包含以下几个显著的特征。

节拍时间

节拍时间是精益生产系统运作的触发器。它决定生产的步调和节奏，是整个精益生产活动中的"心脏"。没有节拍时间，精益生产就无法动弹。所以，一个没有节拍时间驱动的精益生产系统是不可想象的。

生产系统中，某个流程或工序效率特别低，自然会造成瓶颈，降低整个系统的效率。但如果某个流程的效率特别高，也并不会使整个系统更有效率，只会造成生产过剩，导致其他流程被它带来的过多库存所淹没，最终打乱整个流程的节奏。

节拍时间就是协调这些活动并预防这些问题最简便的工具。按统一节拍时间运作的生产系统，无疑更可靠也更可预测。会不会以节拍时间为基础来规划生产线，很大程度上可以辨别一个人是否具有基本的精益生产知识。

在更深的层次，节拍时间是促进持续改善的有力工具。如果生产系统无法按预定的节拍时间运作，就意味着问题已经凸显出来，你可以顺藤摸瓜，找到问题，然后手起刀落，逐一解决。如果生产系统能稳定地按节拍时间运作，也可以主动减少节拍时间，以同等人力来支持一个更短的节拍时间，或主动减员来维持同等水平的生产节拍。这些都是主动意愿下的持续改善，结果就是过程能力提升，绩效飙升。

连续流

所谓连续流，是指通过一系列的工序，在生产和运输产品时，尽可能使工序连续化，即每个步骤只执行下一个步骤所必需的工作。任何公司若想开展精益之旅，有一个很好的起点，就是在其核心制造和服务流程中可应用之处建立连续的操作流程。连续流是精益生产的核心要点，能缩短从原料到最终成品（或服务）的消耗时间，有助于促成最佳质量、最低成本、最短的送货时间。

精益生产运行特征之一就是降低库存，因为库存降低，就会自然暴露出各种问题；而连续流就是降低库存的"霹雳手段"，因为若问题得不到解决，连续流就会停止。在这种情况下，所有受到牵连的人都会被迫投入解决问题及提升效率的活动中。连续流也会迫使企业更积极地进行质量控制和设备管理，因为当问题发生时再快速反应总是让人心力交瘁，还是未雨绸缪多做一些预防型工作比较稳当。

连续流可以通过多种工作方式实现。当然，单件流作业的理想不可一蹴而就，任何时候都要面对事实。要促成连续流，必须付出时间和耐心。而在无法实现连续流的地方，还是需要明智审慎地应用存货作为补充。

许多公司在创建连续流时，认为只要把相关的设备按工艺先后顺序聚集在一起，就变成连续流了。这是大错特错。生产过程相互衔接只是连续流的要求之一，关键还要看流程的生产方式。如果每个步骤都是批量生产，完全没有节拍时间的概念，那就是一个"假"连续流，只是看起来像，实际上还是不折不扣的批量生产。实际工作中，大部分公司都会面临这样的挑战：在连续流的作业模式中，管理层要承受更大的改善压力，所以非常容易逃避挑战，重新回到原来的工作模式中去。

拉动生产

生产需要规范和指导。目前使用最广泛的规范，是根据MRP系统为每道工序制定进度计划。进度计划的依据是下游工序的预期产量，也就是通常所说的"推式系统"。

规范生产的另一种方法就是精益生产的"拉动系统"。在精益生产模式中，"拉动"就是JIT生产的理想状态：客户需要时，才提供其所需数量的产品。拉动生产让顾客的需求跟工厂的内部生产建立了直接关联，也为各个流程和工序之间的生产提供了统一的规范。

最好的精益生产方式是单件连续流。但从投资、技术、难易程度，实施时机等方面综合考虑，也不是所有的地方都适合建立连续流。因为在从原料到达至发送成品到客户的流程中，无可避免地会发生中断，在任何一个公司都会如此。所以必须在合适的地方建立必要的库存。在有库存的情况下建立拉动系统，你可以用库存作为缓冲，但并不是根据生产计划把库存的物料或部件"主动"推给下一道工序，而是依赖后道工序的实际状况来做出"送料"还是"继续等待"的动作。

均衡生产

"相较于速度快、起跑领先，但偶尔停下来打盹的兔子，慢但稳定持续的乌龟产生的浪费更少，表现也更令人满意。唯有当所有员工都变成行动缓慢但稳定持续的乌龟时，才能实现丰田生产方式"（大野耐一）。

客户购买产品的情形很难形成一种稳定的预期，所以按单生产的模式难免会有剧烈的波动。波动会直接导致生产流程中的需求不稳定，这在生产中通常就是最严重的问题，因为需求不稳定就意味着生产资源和生产本身都无法稳定，这样一来，质量、交期都会变得非常不可靠，非常难以预测，同时还会产生大量的浪费。这就是均衡生产对于精益生产如此重要的原因之一。

但这并不是全部。虽然均衡生产也是精益生产最突出的特征之一，但其实，并不是均衡生产模式本身让生产流程运行得更均衡、更准时、更有效率。建立均衡生产模式本身，不会给生产流程带来实质性的改善。均衡生产之所以重要，真正的原因是在不断接近均衡生产的过程中促进了流程改善。就像我们虽然注定无法实现零缺陷，但能在追求零缺陷的过程中不断解决发现的问题而变得越来越好，从而无限接近零缺陷。事实上，均衡生产也是精益生产中最难实现的技术之一。像很多其他的精益技术一样，均衡生产不是限制我们的桎梏，而是引导我们持续前进的一种目标状态。

有问题停止生产

及时发现并解决问题，听起来是再明显不过的道理，但现实中却完全不是这么一回事。绝大部分管理者，最不能容忍的就是生产线中断。他们关注的是短期目标，每天不惜任何代价来实现目标产量，在他们心中，达成产量（有时甚至只是保持一种忙碌的状态）是远比安全和质量更重要的目标。只要没有使设备及人员百分之百运转作业，就是最大的失职。在这种心态下，一旦出现问题，采取的策略基本上是这样的：选择性忽略——淡化处理——搁置——铸成大错无法挽回。很多工厂的品质部门都抱怨生产部门完全没有质量意识，阳奉阴违，什么产品都敢往下放，之所以会这样，根本原因就在于生产部门的基本理念就跟品质管理背道而驰。

但精益生产关注的是消除浪费，而不是大量产出。这就从根本上否定了传统生产管理的努力方向。在这种理念下，最好的方式就是当问题发生时，立即暂停作业以解决问题（而不是把问题往后道推），然后再群策群力，从根本上解决问题，防止它复发。并不是精益生产追求暂停生产线。无论何种生产，频繁的中断都将严重影响产出和获利能力。只是在精益的理念中，如果不形成暂停生产线以解决问题的文化，后果往往更加不堪设想。

要注意的是暂停生产线只是一种表象，真正起作用的并不是停线本身。如果没有清晰的流程和有能力解决问题的系统，贸然引进停线制度只会适得其反。在停线制度中，真正起作用的是工厂致力于根除问题的勇气、决心和能力，以及最终由此形成的问题预防的体系。与此同时，精益生产的模式也将迫使工厂在第一时间内解决问题的重要性显著提高：当库存变少，用以缓冲的安全区间就变小，解决问题的速度和时效就会变得更加急迫。

标准化作业

标准化作业在任何生产体系中都很重要（起码在理论上是如此），但在精益生产模式中尤其重要，重要到没有标准化作业，就无法维持生产进行的地步。

精益生产中的标准化作业，不只是使现场员工的作业可重复且有效率。很多人有一个观念：标准化就是执行某项任务或工作的最佳科学方法。这句话并不全对。标准化更大的意义在于建立持续改善的基础。若一个流程混乱不堪，毫无章法，随机改变，那么，针对这个流程进行的任何改善都只不过是又增加了一个变量，运气好时会有点用处，但大多数时候都会被晾在一边。真正的改善，第一步都是先把流程标准化。先通过标准化让流程稳定下来，然后才能谈持续改善。人无法在流沙上建房子，道理是一样的。

同时，标准化也设定了一种你能想到的最佳境界，所以任何背离这种理想境界的现象，都给了你未来持续改善的机会。标准化是改善的指南针,而不是对日常行为的桎梏。

标准化文件并不是张贴给员工看的。它是由员工创造,但当它出现在作业场所时,是供领班、组长等管理人员稽核看的,为的是时刻识别改善的机会。

6.5
关于精益生产的随想

"从整个制造业来看，真正成功转型为精益企业的公司，除了丰田，几乎一个也找不到。究其原因，主要是管理层对精益缺乏应有的认识，没有下定决心从长远利益采取行动。"

这一段略显悲观和沮丧的话来自詹姆斯·P.沃麦克在他创建的美国精益企业研究所10周年会议上的讲话（2007年9月）。虽然离他说这句话的时间又过去了十几年，情况有很多变化，也有更多企业实现了精益进化，但基本事实还是追求精益者多，略有所成者少。

成功的经验大多是鸡汤，从失败里汲取的教训才更有价值，所以还可以再说点什么。真正的精益生产其实很简单，说穿了就是两个阶段：

- 建立一个精益生产模式；
- 在这个模式下持续改善（或者说通过持续改善来维持并改善这个模式）。

第6章　结束与随想

大道至简，行稳致远，道理虽然浅显，但要实现却也并不容易。对于所有想尝试精益生产的工厂，这里有一个诚恳的建议：

除非最高管理者真的理解了精益生产，否则不要轻易尝试！

大部分人对精益的认知其实都停留在第一个阶段。这个阶段要实现虽然也不容易，但还是可以集中优势资源，毕其功于一役。虽然起步艰难，但终归可以冲刺一下。

真正艰难的是在第二个阶段。因为只要你想维持精益生产系统的正常运转，你就得全力以赴，而且没有一天可以懈怠，尤其是管理层。传统的工厂管理层更愿意关注理念、文化、战略、规划，往往看不起现场改善这些鸡毛蒜皮的小事；精益生产，似乎也是别人或者下属可以代劳的事情。管理层如果没有破除这种思维，精益生产注定是无法落地生根、发展壮大的。

"The only easy day was yesterday"（唯一轻松的日子是昨天），这句话是美国海豹突击队的座右铭。我不了解军旅生活有着怎样的艰辛，但认为这句话无比适合所有实施精益生产的企业。从批量到流动的物理转变，并不仅仅是数量从多到少的变化。当工厂真正做出这样的切换，在短暂的惊喜过后，人们（特别是管理层）会突然发现自己每天的生活变得极富挑战性，因为每天面临的问题数量较之以前，说翻倍都是极端保守的。以前认为的"小"问题，现在是必须马上解决的棘手问题；以前可以吩咐下属去做的事情，现在需要自己挽起袖子干。要欣然拥抱这些转变不是一朝一夕的事情。

在传统的批量生产时代，库存掩盖了很多问题，或者说，降低了很多问题的烈度。出故障的机器，有问题的零部件，不合格的员工，冗长官僚的流程，一切都可以在居高不下的库存中得到缓冲

（所以大家自然而然地认为高库存是合理的，直到某天被高昂的库存成本惊呆）。但当工厂进入真正的精益生产体系，很快就会发现自己时时处于异常紧张的状态，人机料法环但凡任何一方面出现一点问题，工厂将面临真正的灾难——无法制造任何产品。这时，工厂的传统管理团队一定会竭尽全力回到他们以前做事的方式——建立更多库存，以减轻自身的压力。

而这时，工厂如果还想真正持久地跑下去，一定是需要一个有担当的领路人的。君子之德如风，小人之德如草，上有所好，下必甚之。社会风气的好坏一定不是老百姓的责任，归根到底是掌权者的责任。工厂的精益生产能否有效、长久地践行下去，最终就是领路人的责任。这个领路人不能只是在旁边鼓劲喝彩，而是要亲自下场，带领大家一起一直跑。这个领路人，只能是这个工厂的最高管理者，如果最高管理者没有真正认识到这一点，就最好不要去尝试，否则对自己的工厂反而不好。

另外有一点是关于精益生产的从业人士的。很多精益人在这个行当里摸索三五年后，就会有点膨胀，总觉得别人的生产管理是麻绳绑豆腐——没法提，自己掌握的JIT、JIDOKA、看板、标准化作业才是生产管理界的倚天屠龙，心态傲娇得不要不要的。当然，这也不能全怪这些精益从业人士，要怪就怪詹姆斯·P.沃麦克。他当年写的第一本关于精益生产的书就叫《改变世界的机器》。精益生产起个名字都这样嚣张，也难怪这些精益从业人士信心膨胀，觉得生产管理的真理尽在我手，而那些油盐不进的老板同僚，要么见识全无，要么冥顽不灵、故步自封。

我也曾有过类似的心态，但不是在精益生产领域（在这个领域里我还只是一个小学生），而是在质量管理领域。自学校毕业后，我就几乎一直做质量管理，拿过质量工程师证书，获得过体系外审员资格，考取过6SIGMA黑带，自然而然便有点自以为是，认为自己功力精深，质量管理舍我其谁。总觉得只有自己才掌握了生产质量管理的精髓，看谁都不顺眼：

开发，垃圾。这么明显的设计缺陷没有注意到，FMEA不知道吗？QFD不知道吗？

工艺，垃圾。这么明显的加工误差没注意到？过程防错呢？

生产，更垃圾。这么浅显的要求不能遵守？培训一下员工很难吗……

怼天怼地怼空气，见谁不服谁。直到若干年后，自己也开始干上制造工程了，后来还干上生产了，逐渐发现当年的自己才浅薄得可笑。

后来接触到精益生产，第一印象几乎就是"精益生产在手，试问天下谁是对手"。但慢慢地，我就意识到，真的有这么神奇吗？辩证法告诉我们，不要崇拜任何事物。同时，在客观现实中，我们必须意识到一个基本的事实：这世界上有很多工厂都没有做精益生产，但他们都活着，很多还活得很好。所以，工厂生存和蓬勃发展，并不是非要用到精益生产不可。也可以说，精益生产于工厂而言非常有用，但并没有传说中那么重要。

工厂要存在，首先是产品要有市场。离开了这一点，什么模式的生产都没有用。对于工厂而言，搞产品和搞市场的人比搞精益生产的人重要多了，事实上也有能力多了。承认这一点很难，但难也要承认，因为这是事实。只有承认这一点，我们在真正推进精益生产时，才能保持必要的谦逊。

但是，保持谦逊的同时，精益人也要始终坚定地认为——就工厂生产管理而言，没有比精益生产更好的了！就这一点而言，我是相信精益生产可以打败一切的。什么数字化，什么智能化，都比不过精益化！有了这个信念，进入任何场景去推行精益生产时，你都可以坚如磐石，毫不动摇。也许有时被迫做出一些妥协，但你心中也明白，那只是为取得最终胜利而必须采取的迂回战术。一言以蔽之，不妄自尊大，也不妄自菲薄。

最后，再回到精益生产本身。先说结论，精益生产方式一定是可以成功实施的，而成功的精益企业一定非同凡响！当然这也有个前提，就是要对精益有正确的认知和态度，否则就成了沃麦克在《精益思想》里举的经典反例："他们对精益生产方式的整个体系一无所知，却想孤立地推行精益系统的各个部分。"

精益是一种思想。这个基本思想就是——尽一切可能，让客户需求拉动你企业（工厂）内的价值流。如果认识不到这一点，你会始终局限在以设备和资本为中心的工业化思维里，沉迷于命令控制的管理模式，无论如何努力，终究是原地打转。

其他典型错误认知还有：

- 精益是一种生产改善的工具。
- 精益是一种先进的生产方式。

只要还持有这样的想法，就无法形成精益所需的管理机构和文化环境。抱着这样的念头开展精益生产的尝试，大多会半途而废或惨淡收场。精益生产最终改善的是价值流管理，生产改善只是附带的必然结果。精益生产不仅要冲击和改变生产方式，更要使整个管理系统重新思考与变革。精益生产追求的不仅是精益生产本身，更重要的是要建立并维持一个能支持精益生产的管理系统。

传统的生产模式产生了大量的浪费但并不自知，而从精益生产的角度来看，这些浪费则是那么显而易见、难以容忍。同样，传统的管理并不关注整体价值，而是以聚焦于局部利益而沾沾自喜。员工只是被动地工作，他们的价值是狭隘的部门绩效决定的，而不是基于他们为整个价值流做出的贡献。同时，传统管理以控制为导向，有太多的考核、控制、战略、等待、决策……既不增值，也不必要，最大的用处反而成了推诿责任，完全无助于解决问题。

精益生产方式是对现有管理方式的一种变革，在变革中最先需要做出改变的并不是员工，而是最高管理者。精益生产实践的过程，受冲击最大的其实是管理者、领导者，而不是员工。因为，随着精益的进行，精益生产的变革最终一定会落实到管理系统的变革。流程变得越来越简单和可视化时，很多曾经名正言顺的管理岗位就变得不那么重要和必要了。建立精益生产的两大终极难题是全员参与和持续保持。就全员参与而言，改变态度并积极参与的顺序应该是这样的：

最高长官→高层管理→中层管理→基层管理→基层员工

而不应该反过来。培训的顺序也应该如此。理由很简单：如果企业的领导者和管理者自己也不知道如何去变革，又如何领导员工去进行这场变革呢？虽然说精益生产极端关注现场，但并不是说改善只局限于现场。在管理的层面，一切流程、制度、资源等，都要往利于现场增值的方向发展。

精益生产变革中，基层员工必须成为积极的主体。但大部分情况下，工厂都很难做到这一点。一方面是员工没有准备好，没有足够的能力和动机；另一个主要方面，就是领导或是管理者还没有准备好"革自己的命"，将管理职能充分下放。管理者通过发号施令来号召全员参与，这本身就是滑稽的事情。当管理者说员工需要转变思想的时候，恰恰没有意识到，自己才是最早需要做出转变的那批人。

想让精益生产持续可行，就要让精益生产的规则变成每日的工作日常，而不是成为挂在嘴边吹嘘的"高端生产模式"。只要还认为精益生产是一种高端生产模式，就基本上可以肯定，这个事情还是不想干，当然也干不成。因为这个想法的潜台词是：

- 如果走不了高端，大不了继续用回以前的生产模式。
- 目前还不具备条件走高端路线。

还没开打就找好了退路，还没抗压就已经想好了甩锅。这种思维从一开始就注定要失败。事实上，只要做过精益的人都知道，虽然精益理念听起来好像跟传统的差异很大，但在实施的细节上，都是一些小得不能再小的事，只是在传统生产模式中经常会有意无意地忽略掉。所以不要让"精益"这个看似高端的名词成为逃避的借口。

而要让精益的方式成为日常，回过头来，还是要求领导和管理者建立一个适应变革和持续改善的管理体系。只有成为工作日常，精益生产理论才能变成每日的生产实践，而所有的改善只能来源于实践。"谁在实践中顿悟，谁就是将军。"（任正非语）

管理者往往被繁多的管理方法和理论所迷惑，这些方法指向不一，每一条都很重要，那事实上就是每一条都不重要。有些方法还指望用一种简单的方法来解决所有的问题。这极不合理，也不现实。

但如果是精益生产，一句话就可以概括——尽可能用客户需求拉动你的价值流。所以，努力的方向只有一个——尽可能拉动价值流！何其简单，何其一致。同时，精益生产整个立得住的基础是持续改善——你必须不断改善自身，才能保证自己屹立不倒。这跟其他的方法和理论是有天然的区别的。精益生产的理论和思想是很简单的，只不过，知易行难，世事一向如此。

对于真正追求精益生产的人来说，最大的热爱，来自历经苦难，仍然不忘初心。

保持热爱，翻山越海！

祝所有追求精益生产的人都早日成功！